nru

The Official Guide to the National Cycle Network
Routes 8 and 42 from Holyhead to Cardiff or Chepstow

YMUNWCH Á'R MUDIAD
sustrans
JOIN THE MOVEMENT

The author and publisher have made every effort to ensure that the information in this publication is accurate, and accept no responsibility whatsoever for any loss, injury or inconvenience experienced by any person or persons whilst using this book.

published by
pocket mountains ltd
Holm Street, Moffat DG10 9EB
pocketmountains.com

ISBN-13: 978-1-907025-21-1

Text and photography copyright © Pocket Mountains Ltd and Sustrans 2011

Format and design © Pocket Mountains Ltd 2011

A catalogue record for this book is available from the British Library

All route maps are based on 1945 Popular Edition Ordnance Survey material and revised from field surveys by Pocket Mountains Ltd, 2010/2011. © Pocket Mountains Ltd and Sustrans 2011

All rights reserved. No part of this publication may be reproduced, stored in a retrieval system, or transmitted in any form or by any means, electronic or mechanical, including photocopying and recording, unless expressly permitted by Pocket Mountains Ltd and Sustrans.

Printed in Poland

Introduction

From Holy Island in the North to the waters of Cardiff Bay in the South, Lôn Las Cymru passes through some of the most stunning landscape Britain has to offer as it climbs and plummets and weaves and twists its way from sea to sea.

Opened in 1995, Lôn Las Cymru (Routes 8 and 42) is a rollercoaster of a journey of 400km/250 miles, and it will take you from the lowly salt marshlands of Anglesey, down the coast between the sea and the mountains of Snowdonia, up over the remote hills of Mid Wales, before first the River Severn and then the Wye Valley lead you through gentler countryside — with a choice of how to finish the route, either over the Black Mountains into Monmouthshire or over the Brecon Beacons and down the Taff Valley to the coast once more at Chepstow or Cardiff.

Graded as a Challenge Route by Sustrans, it is one of the toughest of all the routes on the National Cycle Network. However, it is still short enough in distance to be completed inside a full week as a continuous self-supported cycle tour, though with a cumulative ascent of 5000m from North to South you'll need a strong set of gears, legs and lungs, and also be comfortable cycling in sometimes remote terrain.

The route can equally well be broken up into more manageable day or weekend sections, and there are a number of other Sustrans routes which connect with Route 8, making it possible to devise your own smaller circular tours. A good number of the sections are suitable for families and there is plenty of interest along the way, whether castles, lakes, beaches, woods, rivers or views, should you need an excuse to spend time spinning along in the great Welsh outdoors away from the bustle of modern life.

Lôn Las Cymru is officially divided into two parts: the northern section (220km/137 miles) from Holyhead to Llanidloes and the southern section (189km/118 miles) from Llanidloes to Cardiff. In addition, there is an alternative finish to the southern route: Route 42 branches off at Glasbury over the Black Mountains to Chepstow, and may be the preferred option for those wanting to extend their journey into England.

Lôn Las Cymru North starts off gently enough, using quiet lanes to cross Anglesey and hugging the coast on former railway lines past the university town of Bangor and historic Caernarfon on its way to Porthmadog. The route takes on its true character as it heads into the foothills of the Rhinogydd, dropping down briefly to seaside Barmouth and across the Mawddach Estuary to Dolgellau and climbing once more around craggy Cadair Idris, through the town of Machynlleth and over a high pass on the flanks of Plynlimon, before the River Severn, deep in the Hafren Forest, guides you down to Llanidloes.

3

Lôn Las Cymru South continues to climb its way from Llanidloes across the grain of the Mid Wales landscape, past Llangurig and down the Wye Valley to Rhayader and Builth Wells. Gentler countryside briefly leads you alongside the River Wye to the imposing wall of the Black Mountains. For those finishing in Chepstow, on Route 42, the high Gospel Pass provides a way through to the rolling countryside of Monmouthshire, while Route 8 heads for Brecon and the substantially traffic-free Taff Trail, over the Brecon Beacons and down the Taff Valley to Cardiff.

Although a full traverse from north to south is demanding, for those who want to experience what the trail has to offer, but do not perhaps have the time or inclination to commit to the whole route, there are a number of gentler sections which are easily accessible. In the north, the whole of Anglesey, the coastal section from Bangor to Porthmadog, and the Mawddach Trail from Barmouth to Dolgellau, while in the south, the Wye Valley from Rhayader to Hay-on-Wye and the Taff Trail from Brecon to Cardiff all provide easier-going terrain. However, even here the distances and height ascended can mount up, with the only entirely flat section of the whole route being the relatively short section between Barmouth and Dolgellau.

In contrast, for those wanting an even tougher challenge, there are a number of loops or alternative routes, the main one being between Porthmadog and Machynlleth, where it is possible for those on unladen hybrids or mountain bikes to use two sections of Route 82 through Coed-y-Brenin Forest and around the western flanks of Cadair Idris. And, of course, Chepstow need not be the journey's end as Route 4 continues across the Severn Estuary on its way into England, or you could turn west and follow the Celtic Trail all the way to St David's in Pembrokeshire.

Finding your way

As with the best Sustrans routes, Lôn Las Cymru uses the quietest and most scenic routes available, following a mix of purpose-built cyclepaths, quiet minor roads and traffic-free sections. There are traffic-free sections in the northern half along Lôn Las Menai and Lôn Eifion near Caernarfon, while the Taff Trail from Brecon to Cardiff provides the most substantial section in the southern half. There are a few short sections on busier roads, but these occur in and around towns or where the topography allows no alternative. More testing off-road and hill sections are highlighted in the route text, especially where pannier-laden riders may find their progress significantly affected.

The type of bike to be used very much depends on how the route is to be undertaken. Virtually any bike could be used on the easier parts of the route, especially if just out on a day ride, though those on road bikes would find even some of the tarmac surfaces too rough. If embarking on a full cycle tour, a classic touring bike is an obvious choice, though, given the terrain, a hybrid or trekking mountain bike would be just as good, if perhaps compromising somewhat on average speed. Perhaps the most important factors for a challenging route like Lôn Las Cymru is allowing for a sufficient degree of comfort in the saddle and ensuring you are not rushed for time.

The whole route is very well signed with the blue National Route 8 and 42 signs and signposts. These are carefully sited to give the cyclist advance notice of changes in direction and you quickly become adept at spotting them. In places, these signs are supplemented by smaller route stickers, often placed on posts, the backs or fronts of other road signs, and walls or buildings. They are invaluable for finding the route through towns and villages, and on remoter sections or in bad weather they can be something of a comfort to indicate that you are still on route. However, be aware that signs can go missing or become misaligned, and it is well worth following them in conjunction with the latest Sustrans maps.

Two maps cover the whole route, at a scale of 1:100,000 and they contain a lot of other useful topographical information on the route itself and on the surrounding area, including larger-scale town plans. Lôn Las Cymru is under constant improvement and there are currently plans to improve the route in a number of places, and so signs should always be followed in preference to the map or the guidebook.

Some parts of Lôn Las Cymru pass through remote, high and exposed terrain. In the balmiest of summer weather little heed will need to be given to this factor, except perhaps to pack some sunscreen. However, the hills of Wales are prone to the sudden onset of bad weather and it is not unusual on Route 8 to find yourself at least two hours' cycling from the nearest town or village. So a good level of preparedness, fitness and self-reliance is required. The consequences for being unable to make straightforward repairs, being caught by the onset of darkness without lights or sufficient clothing could be significant.

Sustrans volunteer rangers monitor the entire route, ensuring it is signposted and maintained. If you do encounter any difficulty with route-finding, you can contact Sustrans Cymru, the local authority, or the police, if necessary.

The National Cycle Network and Sustrans in Wales

Founded in 1977, Sustrans is the UK's leading sustainable transport charity, working on practical projects so people can choose to travel in ways that benefit their health and environment. The charity is behind many groundbreaking projects, including the National Cycle Network, and works with the public, local authorities, employers and schools. From its inception in 1995, today the network has expanded to comprise over 20,000km (12,600 miles) of routes, of which a third is on traffic-free trails and much of the remainder on quiet lanes, with only a small proportion on busier roads. The expansion of the network continues apace for the benefit of cyclists and walkers, and it now extends the length and breadth of the country, linking most main towns and cities.

In Wales there are some 2000km (1200 miles) of the National Cycle Network, about ten per cent of the UK network. About a third of the network is traffic-free, with the remainder on quiet roads and there are plans to extend the network, especially in the South Wales Valleys, over the coming years.

Lôn Las Cymru is one of four major long-distance routes. The North Wales Coast Cycle Route (Route 5) stretches from Holyhead to Chester, Lôn Cambria (Route 81) crosses the heart of Mid Wales between Aberystwyth and Shrewsbury, which can be combined with Lôn Teifi (Route 82) to make an extension southwards to Fishguard. Lastly,

◀ Gateway to Lôn Eifion

the Celtic Trail (Routes 4 and 47) extends across the entire breadth of South Wales from St David's in Pembrokeshire to link up with Route 8 at Chepstow on the border with England. In the official National Cycle Network series of guidebooks published by Pocket Mountains, you'll find user-friendly guides to The Celtic Trail and Lôn Cambria & Lôn Teifi (available from sustransshop.co.uk).

In addition, there are a number of local routes and possible loops, the longest of which is the Radnor Ring in Mid Wales. The Sustrans website (sustrans.org.uk) has details on all routes in Wales and on the new links and trails being developed.

Using this guide

This guidebook is designed for daytrippers, weekenders and families looking to get out and about on a bike just as much as it is for those planning to follow Lôn Las Cymru from start to finish. The route has been divided into 15 sections, the longest of which is 48km/30 miles, though sections do vary significantly in their cumulative ascent, terrain and suitable stopping points.

Timings given at the start of each section are roughly based on an average flat speed of 15kmph, with additional time built in for uneven terrain and ascent. These are only a guide to the time needed for actual cycling and do not attempt to take account of rests or stops. Such is the hilly nature of some sections of Lôn Las Cymru that even experienced cycle tourers, who are generally able to maintain this average over a number of consecutive days, may have to make allowance for extra time, especially if bad weather is encountered. However, fitness and weather permitting, it is perfectly possible to combine a number of sections in one day.

The book describes the route of Lôn Las Cymru from north to south. While this may mean you have to contend with the prevailing wind, it has the advantage of starting with the relatively straightforward sections in the north before you meet the substantial ascent required in the hills of Mid and South Wales. For those finishing in Cardiff, it also provides a glorious downhill run of more than 50km/32 miles on the final section. From a more aesthetic point of view, Holyhead perhaps has more charm as a point of departure, while Cardiff or Chepstow make for an historic journey's end.

Stopping points have been chosen from a combination of natural topography, ease of access and local interest, as well as the availability of accommodation and places to stock up on supplies or find refreshments. One of the joys of travelling by bike is the relative ease with which you can make detours off a route and it is certainly well worth taking time to explore some of the places that lie a little way off the trail, whether well-signed tourist attractions, a nearby village, or a lane which looks like it might lead somewhere unexpected. You'll find highlighted in this book some of the more interesting places to visit, but the list is far from exhaustive.

Reaching the route

Lôn Las Cymru is well served by rail links — there are mainline stations coinciding with route section divisions at Holyhead, Bangor, Porthmadog, Machynlleth, Llanidloes (Caersws), Builth Wells (Builth Road), Merthyr Tydfil, and Cardiff (and for Route 42 at Abergavenny and Chepstow). There are also a number of intervening stations or ones a little way off the route. Many cyclists use the train to start and finish their journey, and Holyhead and Cardiff are both easy to reach from other parts of the country. In addition, on certain sections of Lôn Las Cymru, it is possible to combine using the railway with short linear sections or loops along the route.

Arriva Trains Wales is the main train provider in Wales. Bikes are carried on most trains, but space is limited (usually to two bikes per train) so it is advisable to check and book in advance. There are also some restrictions on bicycles during peak hours.

Intercity Trains are operated by Virgin Trains (08719 774 222 /virgintrains.co.uk) for Holyhead and First Great Western (firstgreatwestern.co.uk) for Cardiff. For online help with planning journeys by rail, contact National Rail Enquiries (08457 484950/ nationalrail.co.uk) or, for one expert's help, The Man in Seat 61 website (seat61.com).

For information about bike carriage by bus contact Traveline Cymru (0871 200 22 33/ traveline-cymru.org.uk). The Beacons Bike Bus operates between Brecon and Cardiff on Sundays and Bank Holidays from the end of May to September (visitbreconbeacons.com).

When to go and what to take

The challenging nature of the route means that you'll need to do some prior planning and be a bit canny about how much you bite off at one go. If you are wanting to cover the whole route in classic self-supported style, late spring and summer are ideal as you will not need to worry about the amount of daylight available. Allow five to seven days, including travel time, if you're cycling-fit and know that you can withstand the highs and lows of an extended trip. If a week-long trip with panniers bulging all looks a bit daunting, completing the route in two or in three parts might be a sensible idea. Opt for bed and breakfast rather than carry camping kit and it might be an idea to team up with a more experienced rider or a club. Alternatively, you could plan to work your way down the route in a series of circular, or near circular, day or weekend rides. Early autumn can also be a great time to be out on a bike and campsites, hostels and hotels all tend still to be open, but you'll need to take appropriate gear, including lights. It should be noted that in late autumn and winter the route becomes a far more serious proposition and, even in midsummer, the Welsh hills can throw a lot of weather at you.

In your panniers or rack bag, you'll need kit suitable for self-reliant touring.

Wet weather gear is essential at any time of year, so too are gloves, high visibility jacket and sunglasses (and interchangeable clear/yellow lenses are handy too). Always carry a pump, spare inner tube, and a toolkit sufficient to mend a puncture and to carry out trailside repairs – there are significant stretches of Lôn Las Cymru which are not only without bike shops but also a fair way from any assistance.

Finally, although the sketch maps in this guide may be sufficient for basic navigation, it is well worth investing in the two dedicated Sustrans maps – Lôn Las Cymru North and South (available from sustransshop.co.uk). Not only do they highlight the route, but they also show a good amount of the surrounding area. In addition, they include details about the route surface, cumulative distance in mile increments, steeper sections, railway stations, points of interest and places where the route may be harder to follow.

Where to stay

In each section, you'll find brief information on the accommodation available at the end of the relevant route stage. This list is by no means exhaustive: it highlights budget options such as campsites and hostels, with particular attention given to more unusual, interesting and, of course, cycle-friendly choices. For a complete list of places to stay which subscribe to the Cyclists Welcome scheme overseen by VisitWales, go to cycling.visitwales.com.

Cycling with children

Cycling is an ideal way for the whole family to get out and enjoy the countryside, fresh air and exercise. A good number of the sections of Lôn Las Cymru are suitable as shorter trips for families. However, some of the hillier parts would only be enjoyable and safe for older children competent and experienced enough to cycle independently.

If you're new to cycling with children, some common sense is all you need to ensure your outing is fun and safe:

- It is easy to overestimate a child's stamina – be aware that even small hills can quickly sap a child's energy and it's a good idea to keep periods in the saddle fairly short.
- Make a realistic plan for the ride – traffic-free sections with plenty of interest or stopping points are ideal.
- Out-and-back routes work well, as you already know the ground for the return and turning back early will be an easier decision.
- Carry some extra gloves and other spare clothing if there's any likelihood of encountering bad weather.
- Make sure children are sufficiently kitted out with a helmet and high visibility clothing and that they know the 'rules of the road'.
- Check your child's bike is roadworthy and the right size, especially if hiring a bike. Bike seats or trailers should be attached according to instructions, be suitable for the age of the child being carried or towed, and the adult cycling should be aware how these can affect a bike's handling.

LÔN LAS CYMRU

North: Holyhead to Llanidloes

Lôn Las Cymru North weaves a varied journey from Anglesey, across the Menai Straits and down the North Wales coast between the sea and the mountains of Snowdonia, past neolithic burial chambers and the imposing walls of castles, along quiet lanes and the gentle inclines of old railways, before heading into the heart of the hills of Mid Wales.

The opening section of Route 8 crosses Holy Island and Anglesey's gentle landscape of coastal marshland and undulating countryside, making an excellent introduction for those heading all the way south. The island also offers a number of signed local cycle routes, all worth exploring and ideal for family day rides, or you might be tempted to delay the start of your journey from Holyhead to visit the impressive cliffs and lighthouse at South Stack.

Thomas Telford's famous suspension bridge takes you across the Menai Straits and round the western edge of Bangor, a worthwhile detour, if only for accommodation or some sightseeing, and it is also eminently suitable as a base for day rides on Anglesey or more adventurous routes along the North Wales coast on Route 5 and up into the hills of Snowdonia.

Heading south beside the Menai Straits along Lôn Las Menai to the town and castle of Caernarfon provides some of the friendliest traffic-free cycling of the whole route and is great for families. Beyond Caernarfon, you pick up Lôn Eifion which leads to hillier ground at the start of The Llyn, the peninsula which forms the northern arm of Cardigan Bay.

Here, you'll find a choice of routes to Porthmadog: a shortcut along the western flanks of the Moel Hebog hills via Garndolbenmaen, or the longer main route

NORTH: HOLYHEAD TO LLANIDLOES

through the pretty village of Llanystumdwy and on to the seaside town of Criccieth, with its ruined castle right on the beach. From here, a short loop up into the hills brings you back down to the coast at the former port of Porthmadog.

From this point, Route 8 starts to show its true colours as it heads into the foothills of the Rhinogydd above Cardigan Bay and the historic town of Harlech, which can easily be visited on a detour, before reaching the seaside delights of Barmouth. The family-friendly Mawddach Trail takes you across Barmouth Bridge and up the Mawddach Estuary to the picturesque town of Dolgellau. With the coast now behind you, Route 8 follows a bold ascent around the eastern flanks of Cadair Idris before dropping equally steeply through the wooded valley above Corris to reach Machynlleth.

As an alternative to Route 8 between Porthmadog and Machynlleth, or as two additional circular day rides, mountain bikers, or, with care, hybrid riders, have the option of two loops which make up Route 82. This tough route heads eastwards up into the hills past Llyn Trawsfynydd and through Coed-y-Brenin Forest. From Dolgellau, Route 82 climbs round the western flanks of Cadair Idris and descends to the coast at Tywyn, before heading inland along Happy Valley to rejoin Route 8 at Machynlleth.

From here, you negotiate another long ascent, this time around the prominent bulk of Plynlimon and over the high point of the route at 509m, before a remote section through the Hafren Forest, where the River Severn leads you down to the market town of Llanidloes. Here, you can head northwards along Route 81 to the rail link at Caersws.

Holyhead to Menai Bridge (Bangor)

Distance 48km/30 miles (2km traffic-free)
Terrain Generally undulating along quiet lanes with good views and some short but sharp ascents. Suitable for families and children Time 3-4 hours Ascent 320m

The journey sets out from the working town and port of Holyhead and soon passes through low-lying coastal countryside with the hillier landscape of the mainland gradually unfolding as you approach Bangor. Anglesey is far from flat, but makes for a good half-day's leisurely cycling in itself or as a way to warm up for those heading all the way south.

For centuries, Holyhead has marked the starting-point or the terminus of journeys to and from this northwesterly tip of Wales. In modern times, the construction in the early 19th century of Thomas Telford's great road, the A5, and the arrival a few decades later of the railway from the mainland have perhaps had the greatest effect on the town's history and fortunes. The appearance of the town itself very much reflects its recent history. Its Welsh name, Caer Gybi, commemorates its possible origins as a Roman fort and its patron, St Gybi, whose cell is thought to have stood on the site now occupied by the town's 13th-century church. Incidentally, the English name originates from its location on Holy Island, rather than on Anglesey itself. The port of Holyhead underwent significant reconstruction in the latter part of the 19th century and has had a somewhat chequered life, always in rivalry with two other ports, Fishguard to the south and Liverpool to the north. However, there is still a passenger ferry service to Ireland.

Route 8 starts at the train station in Holyhead by the town's ferry terminal and heads away from the terminal buildings to the roundabout opposite the Edinburgh Castle pub, where you pick up the blue

◀ The bridge to Holyhead Railway Station

signs for both Routes 8 and 5. Bear left up Llanfawr Road where you'll have to be quick to find your gears if you are on a fully-laden tourer, but the ascent is only short and you soon head down to reach the first traffic-free section of the route alongside Penrhos Beach, with the chimney and now silent factory buildings of the Anglesey Aluminium works over to the right. Beyond, you pass into the wooded Penrhos Coastal Park for 1.2km before crossing Beddmanarch Bay along the causeway, which links Holy Island to the rest of Anglesey, and on to the village of Valley.

Here, a right turn across the A5 leads over the railway and the busy A55 to a roundabout, where a sharp left takes you onto minor roads. Initially you pass alongside the A55 with good views ahead to the hills of Snowdonia, before twisting and turning your way over saltmarsh landscape where you're likely to be buzzed by jets from nearby RAF Valley, which you pass on your way up through the village of Llanfihangel yn Nhowyn.

Just beyond the village, down the hill at the bend, look out for the right turn which leads along an undulating lane for 4.5km, between fields and parallel again with the A55, before heading over a crossroads with the A4080. Once through the hamlet of Dothan, the route has fewer dips and rises and soon passes through craggy outcroppings around the settlement of Soar. Crossing Route 8 at this point is the 29km/18 mile circular Giach Cycling Route (Taith Beicio Giach). When 1km beyond Soar, watch out for a left turn which eventually takes you up to the village of Bethel, where there is a handy village shop.

The onward route briefly doglegs left along the B4422, then right to continue on a pleasant minor road downhill to the embanked River Cefni, passing a short detour left to St Beuno's Church in Trefdraeth, worth a visit if only to see an example of a late medieval church that has escaped extensive Victorian reconstruction. With the hills of Snowdonia now that little bit nearer, turn left along this flat section of marsh road, which is briefly shared with the Lôn Las Cefni – a mostly flat linear route, ideal for families. Starting in Newborough, it covers 21km/13 miles through the wetlands of Malltraeth Marsh and alongside the River Cefni to Llangefni before rising to the waters of Llyn Cefni. After just 1.5km, Lôn Las Cefni turns off this shared section, while Route 8 continues over the river for a short but steep pull up into the village of Llangaffo.

Route 8 now heads over the B4421 and

LÔN LAS CYMRU: NORTH

downhill again. Across the dip, look out for a left turn along a narrowing lane which soon descends past the neolithic mound of Bodowyr Burial Chamber – one of many on Anglesey, though this one now looks a little forlorn in its protective cage of metal railings, but worth a pause nonetheless. At the junction beyond, a left turn leads to a gentle 4km rise, with an intermittent view to the right up Nant Peris and the slopes of Snowdon and the Glyderau, to the village of Llanddaniel Fab, where there is a small shop.

A swift descent carries you over the railway, the A5 and the A55 in quick succession, before a steep pull up through Star takes you down again to a bridge over a stream and up the other side to a right turn for Llanfairpwll – you can detour down to the right into the centre of Llanfairpwll, where you'll find the station with the small town's famous large name in full, its cafés, pubs and a supermarket. Route 8, however, continues above the town through a housing estate, beyond which a left turn leads to a cyclepath on the right of the

What to see

❶ South Stack Lighthouse
Located 5km/3 miles from Holyhead, it's worth a detour to the impressive former lighthouse, reached via a descent of 400 steps. *trinityhouse.co.uk*

❷ South Stack Cliffs are a wonderful place to watch thousands of breeding seabirds from Ellins Tower visitor centre. There are also nature trails and a tearoom. *rspb.org.uk*

14

HOLYHEAD TO MENAI BRIDGE (BANGOR)

❸ **Breakwater Country Park** There are walking and audio trails available along the coast and up Holyhead Mountain. *visitanglesey.co.uk*

❹ **Maritime Museum** The oldest lifeboat station in Wales with a collection of exhibits that tells the maritime history of the town. *holyheadmaritimemuseum.co.uk*

❺ **Bodowyr Burial Chamber** The trail passes within sight of this neolithic stone tomb in farmland near Llangaffo. *cadw.wales.gov.uk*

❻ **Plas Newydd Country House** in beautiful surroundings by the Menai Strait. The 1930s interior is famous for its Rex Whistler exhibition, a military museum and a fine spring garden. *nationaltrust.org.uk*

❼ **Bangor Cathedral** In size not the most impressive of cathedrals, but its foundation in the 6th century by St Deiniol makes it the oldest bishopric with an uninterrupted history in Britain. *churchinwales.org.uk*

❽ **Penrhyn Castle** This 19th-century neo-Norman castle has a one-ton slate bed made for Queen Victoria, elaborate carvings, plasterwork and mock-Norman furniture, a large collection of paintings, restored kitchens, an industrial and model railway museum, and a dolls' museum. *nationaltrust.org.uk*

LÔN LAS CYMRU: NORTH

By the Menai Strait

A5025 to take you over the A55 and, in 1km, up to a roundabout. Here, head right downhill alongside the B5420 on the edge of Menai Bridge town and turn right onto a short traffic-free section behind the cricket club to the A5, where a left turn up past the Thomas Telford Centre (with a handy supermarket opposite) leads to his famous bridge of 1826 – the first iron suspension bridge of its kind, though it's worth recognising the contribution of its often eclipsed engineer William Alexander Provis. It is also worth pausing halfway along the bridge for the view, at least for those with a head for heights as it is a 100 ft drop to the water at high tide. At the roundabout on the far side, Route 8 bears right up past the Antelope pub, but if Bangor is your destination then a detour left for 2km up the A5 leads to the university town's station, shops, cafés and sights.

Where to stay
Anglesey Outdoors (*angleseyoutdoors.com*), 2km south of Holyhead off the B4545, has a B&B, bunkhouse and camping. In Bangor, the **Old Drovers** B&B on Treborth Road has drying and storage facilities and **Treborth Hall Farm Caravan Park** on the southwestern outskirts of town takes tents and is conveniently placed on the A487.

Spares and repairs
Everything a cyclist could need is available at friendly **Revolution Bikes** on the High Street in the centre of Bangor.

Tourist information centres can be found at the railway stations in Holyhead and Llanfairpwll, and in Bangor at the Town Hall on Deiniol Road.

Menai Bridge (Bangor) to Caernarfon

Distance **13km/8.5 miles** Terrain Once the traffic around Bangor has been left behind, the route is predominantly flat and traffic-free along the delightful Lôn Las Menai to Caernarfon Time **1 hour** Ascent **70m**

Once you have escaped the busy roads around Bangor, this stage offers a real treat of easy and scenic cycling along Lôn Las Menai from Y Felinheli to Caernarfon, a section ideal for families.

Although Route 8 bypasses the centre of Bangor to the west, this small city, with its road and rail links, makes a suitable alternative to Holyhead as a start for a cycle tour along Lôn Las Cymru, especially for those wanting to complete the route itself (along with the travel to the start and from the finish) inside a week's holiday. Bangor also makes a good base for day rides. National Route 5 passes through here, having tracked a more northerly way over Anglesey, and could be used in conjunction with the railway line heading eastwards along the coast of North Wales to Chester. Within easy reach of Anglesey itself, there are four signed circular routes as well as the initial section of Route 8. There are also a number of local cycle routes around Bangor and this northern part of Snowdonia, including Lôn Las Ogwen (Route 82), which climbs to the high pass between the Glyderau and Carneddau hills, as well as plenty of opportunities for off-road mountain biking.

To reach Route 8 from Bangor city centre, head up past the railway station to the top of Holyhead Road and turn left onto Route 5, which joins Route 8 after 2.5km, at the top of Penrhos Road near the hospital. Alternatively you can simply head down the busy A5 to the roundabout with the A487

◀ Menai Suspension Bridge

Lôn Las Cymru: North

where Route 8 comes over the Menai Suspension Bridge.

From the Menai Bridge southwards, Route 8 makes its way around the western outskirts of Bangor in an attempt to avoid the worst of the city's busy roads and you'll need to keep a sharp lookout for the blue signs. Initially Route 8 uses a pavement cyclepath around the roundabout by the Menai Suspension Bridge to the A487 exit along Treborth Road, up past the Antelope pub and over the railway, before rejoining the A487 up to the Parc Menai/A55 junction, where the route rejoins a shared-use footway over the roundabouts to the top of Faenol Hill. Head downhill parallel with the now fast-flowing A487, where a pavement cyclepath leads down beside the speeding traffic to a large roundabout. Follow the signs counter-clockwise around the roundabout and exit alongside the B4547, with the estate wall of Vaynol Hall on the right, before doglegging left (SP Llanberis), then almost immediately right (SP Siloh) and on for a short way to the start of the local Lôn Las Menai cyclepath to Caernarfon.

With the city traffic left behind, you can now breathe more easily as Lôn Las Menai makes for much quieter and almost idyllic cycling. Initially wooded, the cyclepath soon reaches the outskirts of the village of Y Felinheli, where a right fork takes you down past the Halfway House pub, across the road that leads through the village and down to the boatyards of Dinorwic Marina.

What to see

❶ Greenwood Forest Park Kids will enjoy this family adventure park with eco-friendly rides and attractions, such as its Barefoot Trail, netted walkways and tube slides, a people-powered rollercoaster and a huge bouncing pillow.
greenwoodforestpark.co.uk

❷ Caernarfon Castle One of the most imposing and impressive examples of medieval castle-building in Britain. It was famous, or notorious, right from its inception by Edward I in the 13th century and it was still controversial 700 years later as the setting for the investiture of HRH Prince Charles as Prince of Wales in 1969.
cadw.wales.gov.uk

◀ The David Lloyd George statue, Caernarfon

MENAI BRIDGE (BANGOR) TO CAERNARFON

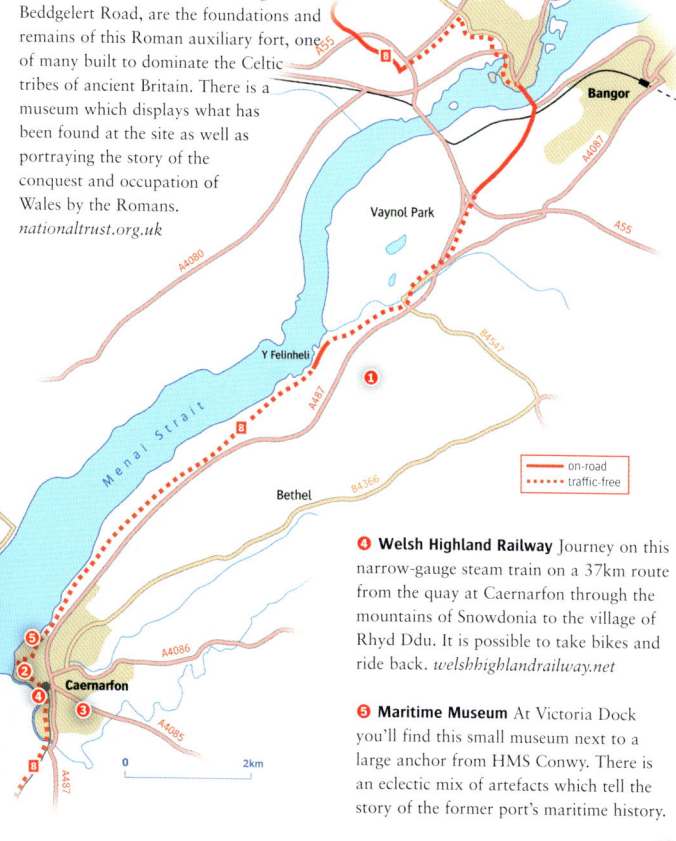

❸ **Segontium Roman Fort** A little away from the town centre, 400m along Beddgelert Road, are the foundations and remains of this Roman auxiliary fort, one of many built to dominate the Celtic tribes of ancient Britain. There is a museum which displays what has been found at the site as well as portraying the story of the conquest and occupation of Wales by the Romans. *nationaltrust.org.uk*

❹ **Welsh Highland Railway** Journey on this narrow-gauge steam train on a 37km route from the quay at Caernarfon through the mountains of Snowdonia to the village of Rhyd Ddu. It is possible to take bikes and ride back. *welshhighlandrailway.net*

❺ **Maritime Museum** At Victoria Dock you'll find this small museum next to a large anchor from HMS Conwy. There is an eclectic mix of artefacts which tell the story of the former port's maritime history.

19

This was formerly a working port linked to the Dinorwic Slate Quarry located up in the hills to the southeast near the village of Llanberis. For 150 years until the quarry closed in 1969 the slate was brought down, initially on a tramway and then on a narrow gauge railway, to be loaded onto waiting boats. Now the docks are filled with yachts and boats sailed for pleasure.

The route now heads below the village of Y Felinheli, passing between houses and along Beach Road, where on a fine day it is hard to resist a stop to watch the boats making their way along the Menai Strait. A short climb brings you back on to the cyclepath and some effortless traffic-free cycling parallel with the Menai Strait along a disused railway line which in July 1969 carried the British Royal Train and those attending the investiture of the Prince of Wales, a ceremony still remembered for the protests and threats from the Welsh Defence Movement, which resulted in the deaths of two men known as the Abergele Martyrs when a bomb they had went off prematurely. In 6.5km, the cyclepath brings

▼ Caernarfon Castle

MENAI BRIDGE (BANGOR) TO CAERNARFON

you to the outskirts of Caernarfon. Here, head through a car park, past Victoria Dock with its gallery and cinema, before following the town walls around to the famous castle and its pedestrianised square on the left. Depending on your political or historical point of view, Caernarfon Castle is either a wonder of 13th-century castle-building or, following Thomas Pennant's thoughts in the 18th century, a 'most magnificent badge of subjection'. Nowadays, historians consider it to have been the most important of Edward I's six fortresses in Wales, making it a magnet for invasions of tourists in their coachloads.

Where to stay
Plas Menai (*plasmenai.co.uk*), the National Watersports Centre, has ensuite rooms available to non-residents. **Totters Independent Hostel** (*totters.co.uk*) in Caernarfon is on the High Street near the castle. It also has an extension **Over The Road**, which accommodates larger groups. **Cwm Cadnant Valley Caravan and Camping Park** (*cwmcadnantvalley.co.uk*) is on the eastern edge of Caernarfon.

Spares and repairs
The small but helpful **Beics Menai** is on the old Slate Quay, tucked away behind the former Harbour buildings. It has bikes, tagalongs and trailers for hire.

i A **tourist information centre** is located in the centre of Caernarfon on Castle Street.

Caernarfon to Porthmadog

Distance 46.5km/29 miles Terrain Gentle cycling on the traffic-free Lôn Eifion to Bryncir; then a more demanding section to Porthmadog, mostly on undulating minor roads, with a steep ascent out of Criccieth Time 4 hours Ascent 480m

After an initially easy section along Lôn Eifion, Route 8 soon gives a taste of what it has to offer from now on as it takes to the hills that crowd in towards the coast.

The route out of Caernarfon is straightforward and heads down past the castle and the Slate Quay (if needed, the small but friendly Beics Menai is here, just behind the old Harbour Offices, and this is the last major bike shop until Dolgellau). After 500m, look out on the left for the start of the traffic-free Lôn Eifion which Route 8 now follows for the next 20km. Initially you have the tree-lined Welsh Highland Railway for company as the cyclepath follows a gentle incline, passing the stations at Bontnewydd and Dinas, before crossing the A499 at the village of Llanwnda.

From here, you can speed along the wide leafy cyclepath of the former Caernarfon to Afonwen railway line parallel to the A487, past the village of Groeslon (pub and small shop), while a little further on the café at the Inigo Jones Slate Works makes for a tempting pit-stop — you can also see craftsmen cut, shape and polish raw slate slabs into practical products such as steps, kitchen worktops and a multitude of craft items. With good views left to the Nantlle Ridge on the skyline, the old railway now begins a gentle descent past Penygroes (you can detour over the A487 to refuel at the small supermarket, bakery, takeaways and pubs), before veering away from the main road briefly on its undulating way to the village of Bryncir (garage and pub) and the end of Lôn Eifion.

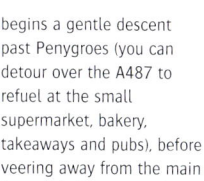

Halfway between Penygroes and Bryncir, there is the option of taking an equally scenic shortcut to Porthmadog on an undulating route via the sizeable village of Garndolbenmaen and across the Afon Dwyfor at the head of Cwm Pennant.

Route 8, so far having given a mostly gentle ride, now starts to give a flavour of the hillier and more challenging terrain that lies ahead. From Bryncir, keep a sharp lookout for blue signs as the route switches to narrow country roads and immediately descends across a dip, where you'll need to be quick on the gears for the short but steep ascent through the farmyard at Llecheiddior while watching out for the cows (the friendly farmer here has plans for a campsite).

Just beyond the farm, turn left downhill for 1.3km before taking the right turn towards Chwilog. The mostly level road heads gently down the valley for 5km, before turning left down into the steep-sided wooded dell of the River Dwyfach and on to Llanystumdwy – as you turn left down towards the village you pass the friendly and neat Llanystumdwy Camping and Caravanning Club campsite. The village celebrates its connection to the Prime Minister David Lloyd George with a museum dedicated to him, a little further on beyond the bridge over the River Dwyfor, where Route 8 turns left along an undulating lane for 2km to the first houses of Criccieth. Here, a right turn takes you downhill and across the A497 to the small town's shops, cafés, station and, at the far end of a terrace of seafront guesthouses, the now ruined castle.

Route 8 leaves Criccieth with 2km of steady ascent up the B4411. At the top of the hill, just past Llwyn Bugeilydd campsite, a narrow lane off right for 3km takes you up over a rise and, with views ahead to Moel Hebog and the southern slopes of the Nantlle Ridge, down to a sudden crossroads with the fast-flowing A487. Beyond, the route continues to descend before heading back southeastwards – here the shortcut via Garndolbenmaen comes in from the left – on an undulating section past the site of Bryncir Woollen Mill. Just after you start to descend steeply, look out for a left turn down past a stone house which takes you to the start of a traffic-free cyclepath off left for 3km (SP Tremadog). Initially on tarmac, you are soon on the rougher terrain of a bridleway across the top of a field, down through woodland and past the hospital to the A487, where you can detour

◄ Criccieth seafront

LÔN LAS CYMRU: NORTH

left into Tremadog, and on for just over the remaining 1km into Porthmadog. Here, after crossing the railway, Route 8 turns left along Cambrian Terrace to emerge by the western end of the famous Cob, bypassing the town centre where you will find a big supermarket, eateries and accommodation.

What to see

❶ Inigo Jones Slate Works and Museum You can see the crafting and engraving of slate nameplates and plaques. There is a welcoming café which serves refreshments and light meals. *inigojones.co.uk*

❷ Lloyd George Museum Discover the life and times of David Lloyd George. The exhibitions and artefacts trace the famous statesman's life, all set in his boyhood home. *gwynedd.gov.uk*

❸ Criccieth Castle This now ruined castle is something of a delight. Originally a Welsh stronghold, it was fortified by Edward I before being razed by Owain Glyndwr – but its position overlooking Cardigan Bay still gives wonderful views. *cadw.wales.gov.uk*

❹ Ffestiniog Railway Ride on one of Wales' most picturesque narrow-gauge railways for 21km from the coast at Porthmadog through the Vale of Ffestiniog to the former slate mines at Blaenau Ffestiniog. *festrail.co.uk*

Where to stay

There are campsites at **Llanystumdwy** (*campingandcaravanningclub.co.uk*) and, just north of Criccieth, at **Llwyn-Bugeilydd** alongside the B4411. A little off the route in Tremadog is **Snowdon Backpackers** on Church Street. For camping beyond Porthmadog you could press on to **Barcdy Camping and Caravan Park** (*barcdy.co.uk*) near Llandecwyn.

Spares and repairs

In Talysarn, Penygroes, **Cyclewales** has a workshop, open weekdays.

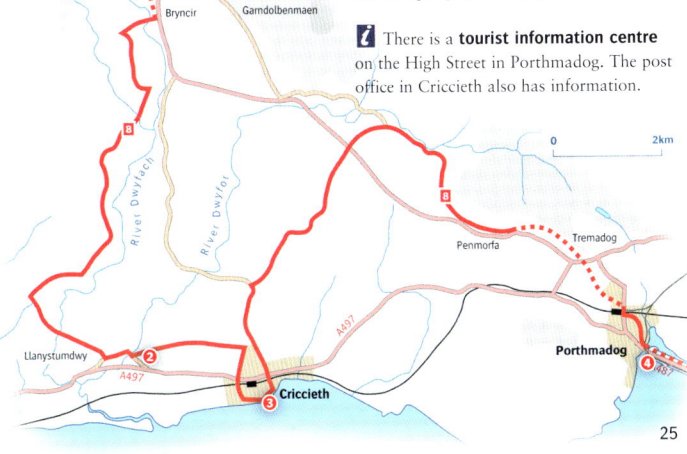

i There is a **tourist information centre** on the High Street in Porthmadog. The post office in Criccieth also has information.

Porthmadog to Barmouth

Distance 34.5km/21.5 miles Terrain After crossing the Glaslyn and Dwyryd Estuaries on mainly quiet roads and lanes, you take to the hills with some very steep gradients before a flatter ride into Barmouth
Time 4-5 hours Ascent 620m

Initially a straightforward section through Penrhyndeudraeth, but after Llandecwyn prepare for a heart-thumping rollercoaster up and down the foothills of the Rhinogydd, with great views out over Cardigan Bay above Harlech and Llanbedr, before a final fast ride along the main road to seaside Barmouth.

Porthmadog was born out of the marshes of the Glaslyn estuary 200 years ago – 2011 marks its bicentenary year – and, along with neighbouring Tremadog, was the brainchild of its eponymous creator William Madocks, who had the vision of creating a town based both on the trade in slates from nearby Blaenau Ffestiniog and also on its position as the last staging-post on the coach route from London to Ireland. In fact, it is not the only planned settlement hereabouts – to the southeast of the town, at the mouth of the Dwyryd Estuary, stands Clough Williams-Ellis' 20th-century fantasy Italianate village of Portmeirion.

Riding eastwards out of Porthmadog, Route 8 joins the Lôn Ardudwy cycle route to Barmouth. Head along The Cob, which was built to create a new harbour, and just beyond the far end, as the A487 starts to climb, watch out for a left turn onto a narrow undulating road that heads past a quarry to the north of Minfford, criss-crossing the railway before doglegging down to Penrhyndeudraeth (small supermarket, café, pub).

To continue on Route 8, head down past

the station and onto a private road (small toll charge) alongside the railway across the mudflats of the Afon Dwyryd to reach Llandecwyn. Here, a short detour of 600m down the A496 towards Harlech leads to Barcdy campsite.

Once you're across the A496, there is only a little time to digest why Route 8 is categorised as a Challenge Route – the roadside sign says the incline is 1 in 5 / 20%, but if anything this perhaps understates some of the bends, and there are three steep sections of ascent, with some intervening descent, just to pass through the hamlet of Bryn Bwbach and reach the settlement of Eisingrug.

Here, the real uphill fun starts. From Eisingrug to the top, it is a knee-crunching 220m ascent in 2.5km. Once through the pleasant initial wooded section, you can see the mountain road ascending the open hillside beyond, where, if fully laden, the final push to the top may be just that, but the reward, apart from actually getting there, is some stunning views left to the glistening rockbands of the Rhinogydd and to the right over Tremadog Bay. From the top, you ride the undulating ridge past the entrance to Merthyr Farm, which has a campsite, before a brake-block-melting 3km descent down to sea level again at Llanfair and the A496 coast road. (If you want to detour to Harlech for its castle, cafés and views out over its beaches to the Llyn Peninsula, you can turn right off this road, either very steeply down 500m after starting the descent or from Llanfair itself.)

After 1km, just before Pensarn Station, the route heads left off the A496 for two loops into the hills to the east of the coast road. The first loop follows an undulating wooded lane for 2km to reach the village of Llanbedr (stores and pub), while the second loop, which heads off left after crossing the Afon Artro, soon has you zigzagging steeply up a 130m ascent through woodland for 1.5km. Just after you start descending, watch out as the route turns right along a walled trackway past a farm, before descending open moorland down to the coast road again and the sizeable village of Dyffryn Ardudwy. With the major ascents on this section now behind you, it is a good place to take a break or stock up on supplies at the small stores or supermarket.

From here, as the hills crowd down to the coast, Route 8 has little option but to follow the A496, at times on a pavement cyclepath. The easy, if noisy, 9km ride into Barmouth will be a welcome respite from the exertions of the first part of this section and gives you a chance to spin along and enjoy the sea view. If you are looking for somewhere to stay, there are plenty of campsites along this section of the A496 and, for the final 2.5km into Barmouth itself, you can drop down right, over the railway, and follow a traffic-free stretch alongside the beach into the town centre. Here, there is no shortage of guesthouse accommodation and places to eat or take in the view across the estuary.

◀ The beach at Llandanwg

LÔN LAS CYMRU: NORTH

Where to stay

In the hills above Harlech is **Merthyr Farm**, a small family-run campsite set on a working farm. Just south of Llanfair off the A496, **Children's Farm Park** has a small family campsite (*childrensfarmpark.co.uk*). **Shell Island campsite** near Llanbedr is reached by a tidal causeway, but makes for an exciting if popular place to stay (*shellisland.co.uk*). **Frondeg Guest House** in Llanfair has bike-friendly bed and breakfast. There are numerous camping and caravan sites on the approach to Barmouth. **Hendre Mynach Caravan & Camping Park** (*hendremynach.co.uk*) is the closest to the town. For B&B in Barmouth, among the bike-friendly options are **Wavecrest** (*barmouthbandb.com*) and **Endeavour Guest House** (*endeavour-guest-house.co.uk*) on Marine Parade, and **Aber House** on the High Street.

Spares and repairs

Bike hire is available at **Birmingham Garage** on Church Street in Barmouth.

i **Tourist information centres** can be found in Harlech on the High Street and in Barmouth on Station Road.

What to see

❶ Portmeirion A fantasy Italianate village, built by the architect Clough Williams-Ellis between 1926 and 1972. Many people visit for its association with the cult TV series 'The Prisoner'. *portmeirion-village.com*

❷ Harlech Castle Another of Edward I's concentric castles standing on an outcrop of rock which gives a commanding view all along the coast. *cadw.wales.gov.uk*

❸ Llanfair Slate Caverns Walk through the tunnels and chambers of this former slate mine. *llanfairslatecaverns.co.uk*

❹ Shell Island Reached by tidal causeway from Llanbedr. There are miles of beaches and dunes, popular with daytrippers, anglers, birdwatchers, dinghy sailors and canoeists. *shellisland.co.uk*

❺ Fairbourne & Barmouth Railway A narrow-gauge railway with half-sized replica steam engines runs alongside the Mawddach Estuary. *fairbournerailway.com*

❻ Penmaenpool Wildlife Centre is situated on the south bank of the Mawddach Estuary. An observation point is housed in a railway signal box by the wooden toll bridge *rspb.org.uk*

❼ Cymer Abbey Still visible today are substantial ruins of the simple abbey church, founded in the 12th century by the Cistercian order. *cadw.wales.gov.uk*

Porthmadog to Barmouth

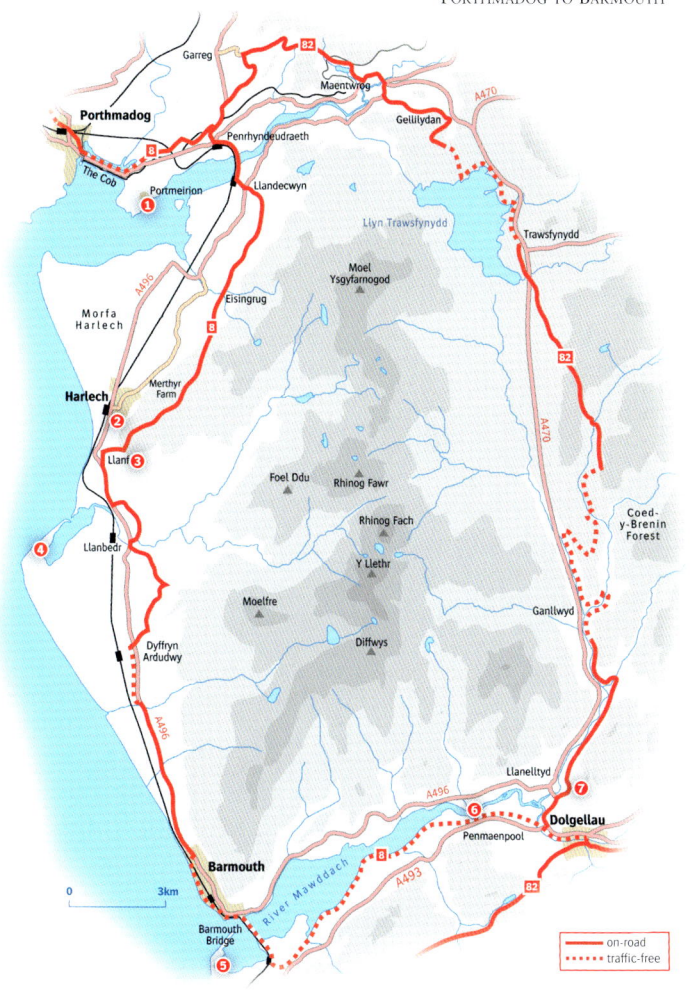

Barmouth to Dolgellau

Distance **16km/10 miles** Terrain **Level terrain, almost entirely traffic-free. Ideal for children and families** Time **1 hour** Ascent **20m**

Cycling doesn't come easier or more pleasant than this. Being the only entirely flat section on Route 8, it deserves to be savoured – and luckily there is much to see in the relatively short distance to Dolgellau.

If you have some time to spare and the weather is fine then Barmouth has some classic seaside diversions on offer. Accommodation is plentiful and the aroma of candyfloss and fish and chips is now mixed with that of bistros and cafés overlooking yachts and moorings, which in warm summer sunshine give a hint of something more exotic. Though not quite the Côte d'Azur, you could easily pass a lazy day here if doing the whole route.

The Barmouth to Dolgellau section marks the start of a change in the landscape through which Route 8 passes. Having so far shadowed the coastline of northwestern Wales, the route now heads inland towards the hills of Cadair Idris and Plynlimon in Mid Wales. However, before the transition to steeper ground beyond Dolgellau, the Mawddach Estuary provides a short but delightful section of easy cycling. The Mawddach Trail itself, which Route 8 follows, is popular with both cyclists and walkers and, while this section could easily be tacked on at the end of the day, it is just as satisfying to take your time, if only to

Overlooking the Mawddach Estuary ▶

◀ Barmouth

ready yourself for what lies ahead.

At the end of the promenade in Barmouth, Route 8 passes under the railway and, after following the A496 for a mere 400m past some cliffs, it drops down right onto the start of the traffic-free trail all the way to Dolgellau. To cross the Mawddach Estuary, it follows the modern railway across Barmouth Bridge, for which there is a small toll. In any weather the crossing on the uneven wooden boards beside the tracks is an impressive, if somewhat unnerving, experience for landlubbers. The bridge itself is nearly 150 years old, being opened in 1867, but from its very beginning was beset by problems not only of construction in the fast-flowing currents of the estuary's tides but also of maintenance. The wooden timbers have also attracted saltwater teredo worms, whose boring has at times weakened the structure and has necessitated extensive repairs to keep the trains running.

On the far side, by Morfa Mawddach Station, Route 8 joins the Mawddach Trail and heads inland on what was once the Great Western Railway to Ruabon. Opened in 1865, it was popular with Victorian holidaymakers staying in Barmouth. Now the cycle route follows a path constructed of compacted dust for 8km on the raised track-bed of the former railway through woodland and over saltmarsh and mudflats, before hugging the very edge of the estuary. It is worth taking your time up the Mawddach Estuary itself – William Wordsworth did and called it a 'sublime estuary' and John Ruskin thought there was 'no better walk than from Barmouth through to Dolgellau other than from

LÔN LAS CYMRU: NORTH

▶ Coed-y-Brenin Visitor Centre

Dolgellau to Barmouth'. There are a number of convenient benches for a break or a picnic, though many choose to stop at the RSPB Information Centre or the George III Hotel by the toll bridge at Penmaenpool.

From here, the traffic-free cyclepath bears away from the estuary for 2km before crossing over the A493 and then passing between the River Wnion and the A470 to a barrier. Here, on the outskirts of Dolgellau, Route 82 joins from the left as Route 8 crosses the river and then bears left alongside some sports pitches into the centre of the town.

Where to stay

Among the bike-friendly bed and breakfast accommodation available in Dolgellau are the classy **Y Meirionnydd** in Smithfield Square (*themeirionnydd.com*) and **Ivy House** in Finsbury Square (*ivyhouse-dolgellau.co.uk*). Camping options are **Tan y Fron Caravan & Camping Park** on Arran Road on the eastern edge of Dolgellau or **Vanner Caravan Park** next to Cymer Abbey. Budget choices can be found at **Hyb Bunkhouse** on Bridge Street in Dolgellau or 1.5km east of the town at **Torrent Bunk Barn** at Dolgun Uchaf, off the A470. **Kings YHA** is 8km to the west along Route 82.

Spares and repairs

The substantial **Dolgellau Cycles** is conveniently located in the centre of Dolgellau on Smithfield Street.

i The **tourist information centre** in Dolgellau is in Eldon Square.

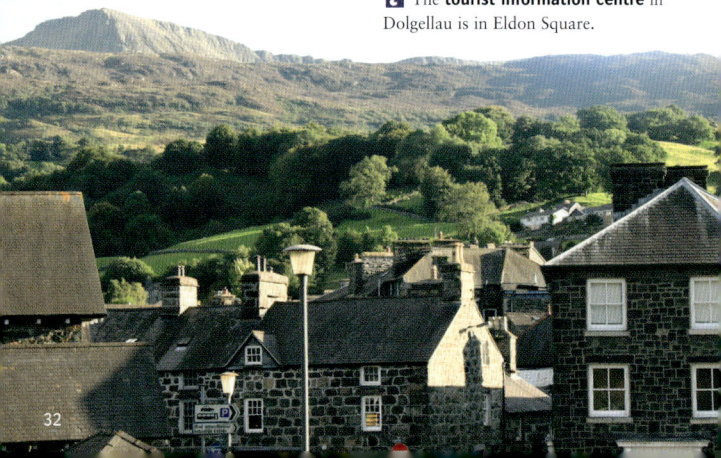

A tougher alternative . . .

If you are looking for even more of a challenging route, you might consider taking the Route 82 loop, which bears left just before Penrhyndeudraeth and rejoins Route 8 at Dolgellau (see p29). This alternative to Route 8 swings inland instead of following the coast and climbs through the foothills of the Moelwyns before crossing the Vale of Ffestiniog at Maentwrog. From here it takes to a steep mountain road to Gellilydan and then weaves a way up on tracks around the northern edge of Llyn Trawsfynydd and its power station. Beyond the village of Trawsfynydd, the route climbs once more on an open mountain road to a height of 325m, down across the dip of the River Gain and into Coed-y-Brenin Forest. Here Route 82 takes to forest tracks, where careful navigation is required and sections are steep and rough, making them unsuitable for laden touring bikes. A break at the wonderful Coed-y-Brenin Visitor Centre (also a haven for mountain bikers) is a must before beginning the descent to Dolgellau alongside the upper reaches of the Mawddach River.

◀ Dolgellau

Dolgellau to Machynlleth

Distance 23.5km/14.5 miles Terrain The route now takes to the hills, with some significant cumulative ascent, and passes through some remote moorland Time 3-4 hours Ascent 620m

A tough but exhilarating hill section around the flanks of Cadair Idris with a long ascent to a height of 400m before dropping steeply down through Corris and the wooded valley of the River Dulas to Machynlleth.

Dolgellau is a delightful small town with a good deal of history – the Romans ran three roads through here, Owain Glyndwr held his last parliament in the town in 1404, the Mawddach Estuary provided a convenient means of exporting wool in the 18th century and, for a short time in the 19th century, gold rush fever spread into the hills to the north. Religion has also made its mark. Back in the 13th century, the Cistercians established an abbey at Cymer and 400 years later Quakerism arrived in the town, some of whose inhabitants fled in 1686 to Pennsylvania, where they founded the university's Bryn Mawr College. Now the town is firmly established as a base for walking and cycling, particularly mountain biking, set as it is between the hill ranges of Cadair Idris to the south and the Rhinogydd mountains to the north. Also to the north is Coed-y-Brenin Forest which offers a range of mountain bike trails in the woods around the upper River Mawddach and can be reached along Route 82.

There is a good range of small shops, banks and places to eat in Dolgellau, as well as the handy Dolgellau Cycles on Smithfield Street, right on Route 8 as it passes through the centre before turning

left and heading eastwards out of the town. Watch out for the right turn up past the hospital, where the gradient soon steepens. It is a good idea to pace yourself as this is the start of the long 7km ascent around the flanks of Cadair Idris.

The initial 2km of the ascent are unremittingly steep, but the views left provide some diversion, as do mountain bikers whooshing past you back down to Dolgellau. A little beyond the high point of this initial climb, look out for a right turn, just past a stone cottage, which takes you for the next 3km onto a narrow tarmac track which rises and falls as it contours its twisting way around the side of the hill to some farm buildings at Hafod y Meirch. Now the route bears sharp right onto an even narrower track, from where you can glimpse the upper slopes and crags of Cadair Idris itself, and then drops down to the left by a stone barn to cross a stream just short of the busy A487.

The next section of the route is again steep, though the way up the moorland track ahead now has a covering of tarmac. Route 8 doglegs alongside the busy A487 for just 150m and then soon leaves it behind as it climbs over the moorland, with sheep often nonchalantly chewing grass in the middle of the road. You'll need to grit your teeth here, as you'll be asking already well-used legs to climb another 180m in 1.6km, with the addition of a steep drop on the left to further concentrate the mind. However, once at the top you'll have some great views northwards and, even in poor weather, the satisfaction of having reached one of the remotest parts of the route, if not quite the highest.

The descent follows swiftly and steeply for the next 4km, if fully-laden requiring almost as much resolve as the climb, as you plunge into the steep-sided wooded valley of the River Dulas — watch out for the road gates on the upper section — past old slate heaps, where the gradient eases, to a crossroads. Now, a right turn follows an undulating road through the settlement of Aberllefenni and on to the village of Corris, with its welcoming pub, The Slaters Arms, where there is a handy hostel up the hill to its right.

At this point, by the pub, Route 8 turns steeply left down through the village, over the River Dulas, before climbing briefly to follow the other side of the valley on an undulating road, though with more down than up, past Corris Caravan Park, through Ceinws, which boasts a pub with a small art gallery attached, and on down to the Centre for Alternative Technology. It is worth a pause here on the way down to Machynlleth, and the centre, which has a café, is open every day. You will also find interactive displays on energy generation and transport, as well as practical everyday

◀ The Centre for Alternative Technology

35

LÔN LAS CYMRU: NORTH

solutions to green issues from the small community that lives here and experiments with different ways of putting cooperative and environmental ideas into action.

To continue from the centre, watch out for the left turn which heads down to the junction with the B4404, beyond which a right turn up a rise leads to a traffic-free section. Initially alongside the A487, the cyclepath soon veers away to cross the Millennium Bridge over the River Dovey and its pleasant water meadows, before rejoining a cyclepath next to the A487 for the final run into the centre of Machynlleth.

Where to stay

Corris has the independent **Corris Hostel** (*corrishostel.co.uk*) just off the trail, 150m up from the Slaters Arms. **Braich Goch Bunkhouse and Inn** (*braichgoch.co.uk*) is beyond Corris on the main A487 road. **Llwyngwern Farm** is north of the Centre for Alternative Technology and has a campsite. In Machynlleth, the excellent **Reditreks** (*reditreks.com*) bunkhouse (and small campsite) has everything a two-wheeled visitor could wish for.

Spares and repairs

The Holey Trail in Heol Maengwyn, Machynlleth has everything you need and the owner runs Reditreks bunkhouse.

i The **tourist information centre** is by the clocktower in the centre of the town in Machynlleth.

What to see

❶ **Centre for Alternative Technology** Through interactive displays, you can find out about this 'green' community's latest methods of energy generation and the different ways of putting cooperative and environmental ideas into action. *cat.org.uk*

❷ **Museum of Modern Art Wales** Housed in The Tabernacle, a former Wesleyan chapel, the museum hosts exhibitions, concerts, drama and book events. There is an annual festival held in August. *momawales.org.uk*

❸ **Parliament House** On Maengwyn Street stands the black and white timbered house where Owain Glyndwr held a Parliament in 1404. Inside an exhibition charts the main events of Glyndwr's life and the suppressing of the Welsh uprising against Henry IV of England.

Dolgellau to Machynlleth

LÔN LAS CYMRU: NORTH

Cafe in Machynlleth ▶

Dolgellau to Machynlleth via Tywyn

If you want to continue the Route 82 challenge then stay on this route as it follows the western flanks of Cadair Idris before dropping down to the coast at Tywyn and rejoining Route 8 at Machynlleth. Leave Dolgellau via Cadair Idris Road and continue on this steep mountain road as it climbs up the lower northern flanks of this stunning mountain range. A short detour for a rest at the Cregennen Lakes is recommended before you head off-road on the aptly named Black Road. This mountain track is rough and again unsuitable for laden touring bikes, but the views down to the Mawddach Estuary and Barmouth Bay make the climb to over 400m worthwhile. Back on the tarmac a steep descent drops you into the Dysynni Valley and past Birds Rock, where cormorants still nest, even though the sea has receded from the base and can now be found more than 9km away! The route passes through the village of Bryncrug and along the A-road into Tywyn, which has all the facilities that you require, before you climb again through Happy Valley and drop down into the Dyfi Valley en route to Machynlleth.

MACHYNLLETH TO LLANIDLOES

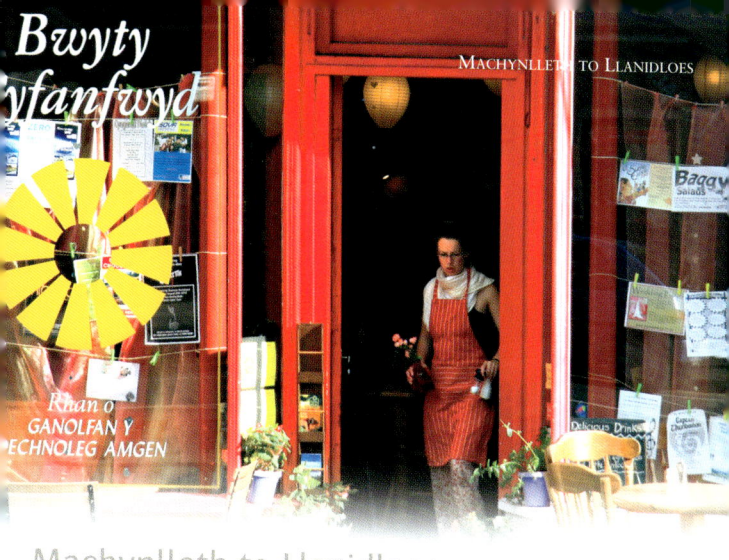

Machynlleth to Llanidloes

Distance 37km/23 miles Terrain Mostly on quiet roads, though after the Dulas Valley the mountain road climbs to 509m around the flanks of Plynlimon; the route through the Hafren Forest, though lower, can feel equally remote Time 4-5 hours Ascent 780m

A long winding mountain road up over slopes to the north of Plynlimon, the highest point reached on Route 8, is followed by an equally steep but exhilarating descent and a loop through the remote Hafren Forest to pick up the infant River Severn down to Llanidloes.

Machynlleth has just two principal streets, whose junction is marked by a large Victorian clocktower, but despite this it has the air of a much more important town. It too claims a part in the history of Owain Glyndwr – his Parliament House stands on Maengwyn Street – but it comes as something of a surprise, once you have passed the railway station and joined Penrallt Street, to find the Museum of Modern Art, Wales housed in a former chapel. In addition, there's a good number of shops and places to eat and stay.

Route 8 heads eastwards out of the town along Maengwyn Street, passing the small but well-stocked Holey Trail bike shop (the owner also runs the comfortable Reditreks bunkhouse in the town), and turns right onto the mountain road to Llanidloes. You soon leave the houses behind and can speed along the narrow, though at times busy, road to the small village of Forge, where you need to bear left over the bridge across the River Dulas.

The route now ascends gently for 4km up the farmland of the Dulas Valley, after which it

◄ The high road to Tywyn

39

7 LÔN LAS CYMRU: NORTH

bears away from the river and starts climbing in earnest, with 400m of ascent over the following 7km. Although a long ascent, there are great views to accompany you, both out over the steepening drop on the left and right to the impressive cliffs on the northern edge of Plynlimon's plateau. As the gradient increases, be prepared for some false summits and a steep sting in the tail just short of the high point. However, there is the knowledge that at 509m you will have reached the highest point on Route 8 – indeed it can be an eerily desolate spot, with a wide view southwards across the open moorland to the source of the River Severn giving a keen sense of remoteness, save for the one strip of tarmac over the pass. Just before the high point, it is also worth pausing in good weather to admire the view from the Wynford Vaughan-Thomas Memorial. The memorial to the former Welsh journalist and broadcaster was constructed here, not because he had particular

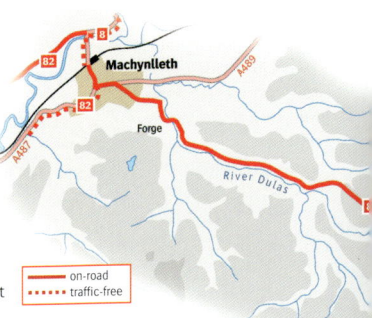

MACHYNLLETH TO LLANIDLOES

What to see

❶ Wynford Vaughan-Thomas Memorial
The Welsh journalist and broadcaster thought the view from here towards Snowdon was the best in Wales. A topograph helps identify the features of the landscape from the highest point reached on Route 8.

❷ Dylife Gorge A viewpoint by the side of the road gives a great vista down this v-shaped valley, cut by a torrent of glacial meltwater.

❸ Minerva Arts Centre Home of the Quilt Association and its collection of heritage quilts. The collection contains a large number of antique quilts, quilting templates, and frames made in Wales during the 19th and 20th centuries. *quilt.org.uk*

❹ Llanidloes Museum Learn about the area's history and industry from displays on the Old Market Hall, the mining and wool industries, the building of the railway, and the Chartist movement and the riots of 1839. *powys.gov.uk*

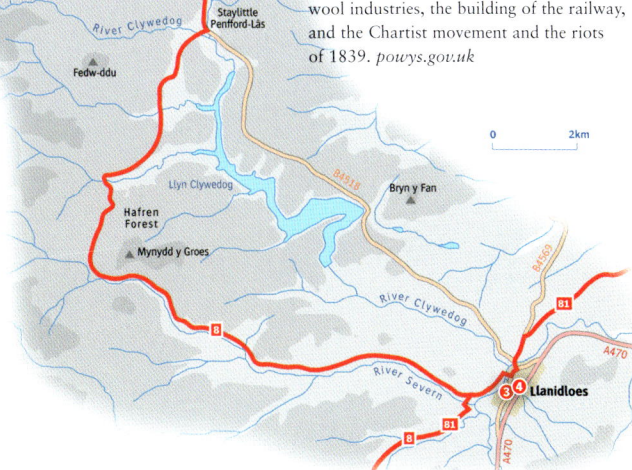

◀ On the road to Llanidloes

7   LÔN LAS CYMRU: NORTH

connections with the area, but because he felt that the view from here towards Snowdon was the best in Wales – his figure, carved on the topograph, points the way.

The 5km descent down the hill's eastern slope is an absolute joy, though watch out for potholes and loose stones on the road. All too soon you are whizzing past the hamlet of Dylife and the enticing Star Inn, though it is definitely worth stopping 1km further down to admire the deep v-shaped trench of Dylife Gorge before reaching the junction with the B4518, where the gradient eases.

Here, Route 8 heads southwards for just over 1.5km and turns right just short of the village of Staylittle to take the narrow road through Hafren Forest. You pass through sheep and cattle pastures, initially sharing the route with walkers on Glyndwr's Way, before passing over the River Lwyd and entering the plantations of the Hafren Forest – the unusual small towers hereabouts are limestone dowsers which have been put in place to regulate the acidity of the soil in the area. The forest road rises and dips for 4.5km past the western arm of Llyn Clywedog and the old settlement of Cwm Biga to reach the Rhyd-y-benwch car park and picnic area. This marks the beginning of the walking trails of the Severn Way and the Wye Valley Walk, and there are other shorter trails to explore, outlined on information boards.

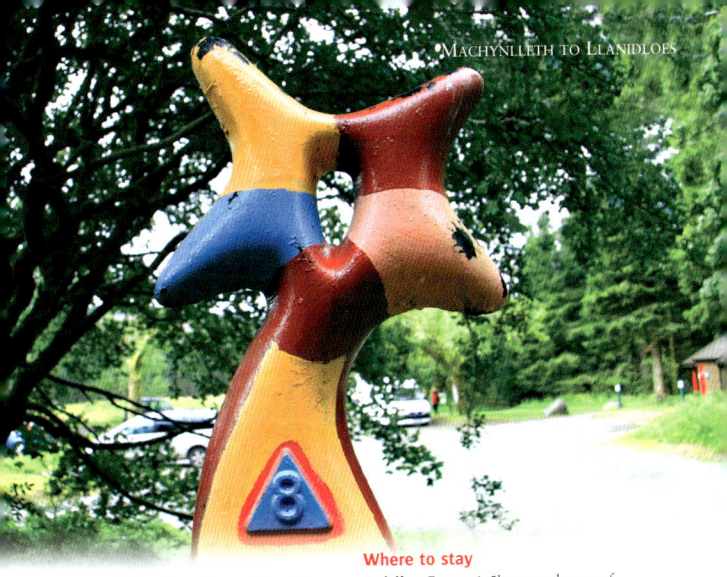

The route continues through the forest and, after an initial short climb, picks up the already energetic River Severn, though here it is still very much a mountain stream, and follows it for the next 9km down to Llanidloes. However, it is not a straightforward run downhill as there are a number of short but steep rises as the road twists its way down the valley and, on tired legs, the distance can seem longer than it really is. A little over 1km before reaching Llanidloes itself, Route 8 turns right for Llangurig, though it is very much worth the short detour down into the town itself.

Where to stay
Dol-llys Farm, 1.5km northeast of Llanidloes off the B4569, has a campsite. For groups, **Plasnewydd Bunkhouse** is 3km east of the town along Gorn Road (*plasnewyddbunkhouse.co.uk*). In Llanidloes, the friendly **Lloyds Hotel** is recommended for rooms and dining (*lloydshotel.co.uk*). Pushing on, **Aubrey's** is a bike-friendly B&B located in the former servants' quarters of the arts and crafts-style house on the Clochfaen Estate at Llangurig (*theclochfaen.co.uk*).

Spares and repairs
There is no bike shop in this section but, in Llanidloes, **Idloes Motor Spares** on China Street stocks basic cycle accessories.

The **tourist information centre** in Llanidloes is on Long Bridge Street.

◀ Dylife Gorge

South: Llanidloes to Cardiff or Chepstow

South of Llanidloes, which can be reached along Route 81 from the rail link at Caersws, Lôn Las Cymru climbs out of the Severn Valley to pick up the River Wye at Llangurig. From here, the landscape starts to take on a softer appearance as you follow the River Wye to the small town of Rhayader, now an increasingly popular base for mountain bikers. Here also is the Radnor Ring, a regional cycle route that heads eastwards through the towns of the Welsh Marches.

Route 8 now makes its way further down the Wye Valley, at times heading up the moorland slopes which are never far away, through the village of Newbridge-on-Wye and along a former coach road to the substantial market town of Builth Wells, now famous for hosting the Royal Welsh Show every summer.

Beyond Builth Wells is a far gentler section beside the River Wye to the former railway station at Erwood. From here, the route follows quiet lanes, which would be suitable for families experienced in cycling, before crossing the River Wye itself at Glasbury within sight of the imposing northern escarpment of the Black Mountains. At this point, Lôn Las Cymru splits and there is a choice of routes.

Its eastern arm, signed as Route 42, makes for the historic booktown of Hay-on-Wye, before climbing steeply up the northern escarpment of the Black Mountains and over Gospel Pass, at 538m the highest point on Lôn Las Cymru. The route descends through the Vale of Ewyas past the ruins of Llanthony Priory and then turns south towards the town of Abergavenny, where Route 46 joins on its way from the valleys of South Wales to the Midlands. Beyond Abergavenny, you cross over into the Usk Valley and the pretty town of Usk itself, before ascending to Wentwood Forest, whose northern edge leads you up through the village of Shirenewton before the final descent down to the town of Chepstow and its historic port and castle.

The western arm of Lôn Las Cymru, still signed as Route 8, turns west from Glasbury and edges along the lower flanks of the Black Mountains, past the village of Talgarth and then over some intervening hills to reach the Usk Valley and the town of Brecon, long established as a base for outdoor pursuits.

South: Llanidloes to Cardiff or Chepstow

Lôn Las Cymru now heads south and combines with the Taff Trail, which makes for great family cycling, especially for experienced riders. Initially it follows the Monmouthshire & Brecon Canal, but once past Llanfrynach the route heads right into the heart of the Brecon Beacons, though the steady incline of the former Brecon and Merthyr Junction Railway above Talybont Reservoir takes the sting out of the climb to the pass of Torpantau at 439m. The descent past the reservoirs on the southern slopes soon has you whizzing down a traffic-free cyclepath and along the top of Cefn Coed Viaduct into Merthyr Tydfil, once the iron capital of South Wales.

South of Merthyr Tydfil the route is almost all traffic-free and the River Taff is never far away as you pass Aberfan and Quaker's Yard, where Route 47, part of the Celtic Trail, heads off eastwards to Newport on its way from Swansea. The line of the former Taff Vale Railway brings you to Pontypridd and Ynysanghrad Park, where Route 4 from Swansea joins Lôn Las Cymru, before peeling off at Nantgarw.

From here, the final section of Lôn Las Cymru passes under the M4 motorway and continues down a green corridor of parks alongside the River Taff right through the heart of Wales' capital city, past Llandaff Cathedral and the Millennium Stadium to finish by the water's edge at Cardiff Bay.

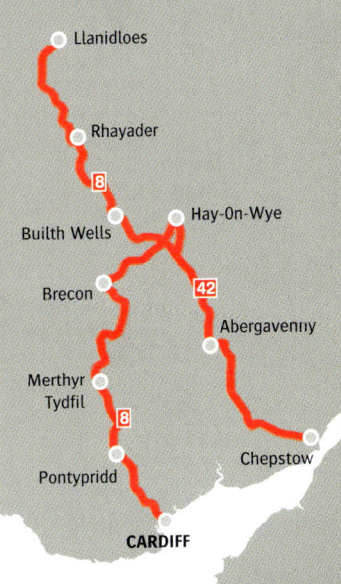

45

8 LÔN LAS CYMRU: SOUTH

Llanidloes to Rhayader

Distance 24km/15 miles Terrain Quiet undulating roads lead up and over to Llangurig before the slopes of the Wye Valley guide you to Rhayader Time 3 hours Ascent 490m

From the picturesque market town of Llanidloes, twisting lanes, with some short steep sections, lead over a high point to pick up the River Wye at Llangurig. From here, there is a gentler feel to the terrain as the route follows an undulating course down the upper reaches of the Wye Valley to the market town of Rhayader.

This section marks a change in the terrain from the predominance of hill country and open moorland to more gentle countryside. However, the transformation is gradual and the steep moorland slopes of the upper Wye Valley keep pressing in and create some sharp ascents, though these are not as long or as high as in the northern part of the route.

Llanidloes itself is a good base from which to start the southern half of Lôn Las Cymru. There are plenty of shops, eateries and accommodation in this small market town. In addition, it is a pleasant place to spend a few hours wandering around. The black and white timbers of the 17th-century Old Market Hall still stand on the central crossroads. The church, off Long Bridge Street, is dedicated to the 7th-century monk, St Idloes, who gave his name to the town, and has a fine hammer-beam roof. In 1839 the town was a centre of Chartist riots, commemorated on a plaque on the former

◀ Llanidloes

Trewythen Arms on Great Oak Street, opposite the Town Hall which houses the Museum of Social and Industrial History. If crafts, in particular quilt-making, grab you, keep going a little further up to the Minerva Arts Centre.

There is also plenty of walking and cycling of all types to be had in the surrounding area, not least for mountain bikers in the Hafren Forest and on the high moorland of Plynlimon itself. For road cyclists, National Route 81, Lôn Cambria, passes through the town on its 178km/110-mile route through Mid Wales from the coast at Aberystwyth to the border town of Shrewsbury.

To join Route 8 from Llanidloes, start from the Old Market Hall and follow Route 81 down Short Bridge Street over the River Severn to bear left, gently uphill along Penygreen Road, for just over 1km, where Routes 8 and 81 unite as far as Rhayader. Bear left downhill across the River Severn once more to follow a tributary valley heading southwest. The country from here on begins to take on a softer appearance of woods, hedges and fields as the narrow road climbs steadily up the valley for 3km. At this point, there is a series of three short but sharp ascents to reach a high point above the Wye Valley before the steep drop down to the village of Llangurig, where there are two pubs, a village shop and a pretty church dedicated to St Curig, with some armorial stained glass and a Royal Pew.

A dogleg over the A44, which runs through the centre of the village, soon takes you across the River Wye, already much more than a mountain stream here as it flows broadly between water meadows, before bearing left along the western side of the valley for the 17km section to Rhayader. Initially the route stays close to the river, but it is not long before the road takes an undulating course along the valley side, never gaining too much height, but it's far from being a level ride and more effort is required than the map suggests. However, it's worth taking your time over this section for the views alone.

After 7km, near the southern end of the drawn-out settlement of Dernol, watch out for a right turn to take you steeply onto a lane, which soon dips down again to the River Wye before climbing once more and passing through a farmyard and the first of a series of road gates. Beyond, the road becomes somewhat rougher, the sides of the valley start to close in, and the valley floor drops away, creating the impression of a gorge as you round the eastern bluff of Moelfryn to a fourth road gate by a farm.

The route now descends

LÔN LAS CYMRU: SOUTH

for 1km back down to the River Wye itself, but the valley is starting to reveal its hidden nature and almost immediately requires you to climb once more for the next 3km, though fairly gently, through forestry plantation before, finally, allowing you some freewheeling down to the B4518 at Cwmdeuddwr on the outskirts of Rhayader. Here, Route 8 turns left for 50m before heading right onto a traffic-free section to continue down the Wye Valley. The centre of Rhayader lies 500m further along the B4518.

Where to stay
Rhayader has a good range of places to stay. For camping try **Wyeside Camping Park** (*wyesidecamping.co.uk*) just to the north of the town or **Gigrin Farm** (*gigrin.co.uk*), a short ride to the south. Among the ample B&Bs are the simple but bike-friendly **Brynteg** and **Liverpool House** on East Street (*liverpoolhouse.co.uk*). Right by the clocktower, the smart **Ty Morgans** (*tymorgans.co.uk*) offers a bar, bistro and rooms. Out of town, **Beili Neuadd farmhouse** (*midwalesfarmstay.co.uk*), 3km to the northeast along Regional Route 25, off Abbeycwmhir Road, offers bunkhouse accommodation, B&B and chalets.

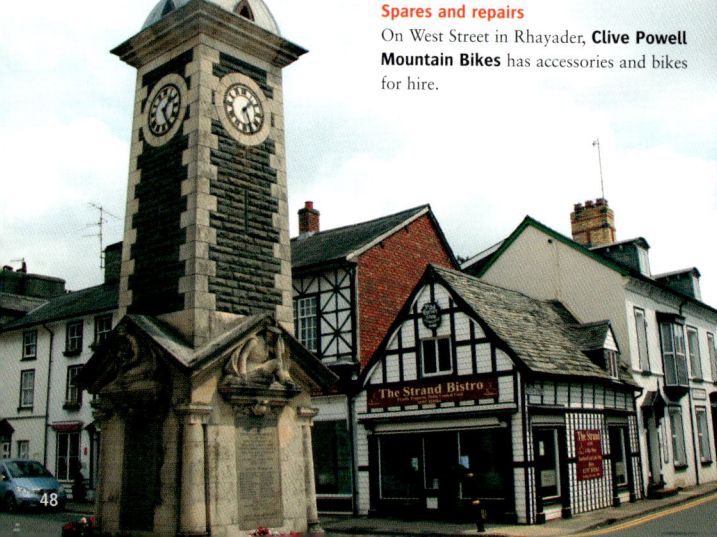

Spares and repairs
On West Street in Rhayader, **Clive Powell Mountain Bikes** has accessories and bikes for hire.

LLANIDLOES TO RHAYADER

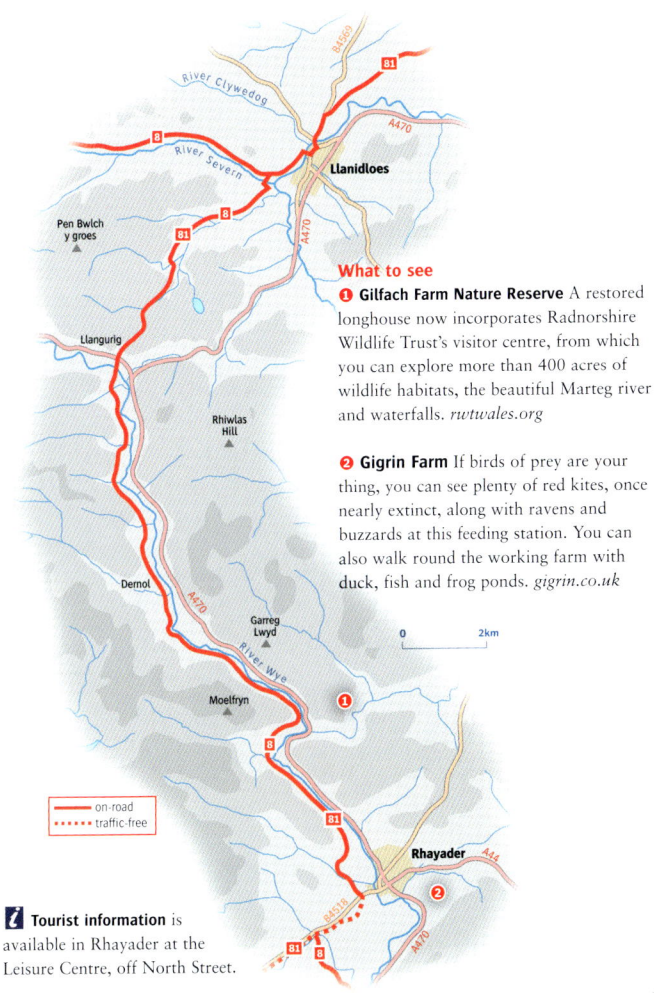

What to see

① Gilfach Farm Nature Reserve A restored longhouse now incorporates Radnorshire Wildlife Trust's visitor centre, from which you can explore more than 400 acres of wildlife habitats, the beautiful Marteg river and waterfalls. *rwtwales.org*

② Gigrin Farm If birds of prey are your thing, you can see plenty of red kites, once nearly extinct, along with ravens and buzzards at this feeding station. You can also walk round the working farm with duck, fish and frog ponds. *gigrin.co.uk*

— on-road
••••• traffic-free

Tourist information is available in Rhayader at the Leisure Centre, off North Street.

◀ Rhayader town centre

49

Rhayader to Builth Wells

Distance 27.5km/17 miles Terrain Quiet lanes alongside or on the moorland edge above the River Wye; one off-road section, which can be bypassed Time 3 hours Ascent 430m

Undulating lanes take you further down the Wye Valley through the villages of Llanwrthwl and Newbridge-on-Wye, at times keeping close to the River Wye, at other times climbing up onto the moorland slopes that rise above the valley. There is one section of fairly rough track along the Old Coach Road between Llanwrthwl and Newbridge-on-Wye.

Rhayader is the first town on the River Wye and also claims to be the oldest town in Mid Wales. Its Welsh name, Rhaeadr Gwy, explains the origins of the town's name – Waterfall of the Wye, though this was all but destroyed during the building in the late 18th century of the bridge that leads to neighbouring Cwmdeuddwr, or Valley of the Two Waters, namely the Wye and the Elan Rivers. At the end of the 19th century, just up the valley, came the controversial construction of the great Elan Valley Reservoirs for the supply of water by gravity-fed pipes for more than 112km/70 miles to Birmingham.

In more recent years, the town has become popular for outdoor activities – walking, fishing, pony trekking and, not least, on- and off-road cycling. The Elan Valley and its surrounding hills provide any number of great day rides, especially for mountain bikers, and access is easy along National Route 81 which heads westwards

RHAYADER TO BUILTH WELLS

towards Aberystwyth. Heading eastwards is Regional Cycle Route 25, The Radnor Ring, a more strenuous 138km/86 mile tour that links Rhayader with the Welsh Marches towns of Kington, Knighton and Llandrindod Wells, where you can also visit the National Cycle Museum.

To join Route 8, start from the Clocktower and War Memorial in the centre of Rhayader and head down West Street past the Elan Valley Hotel, Clive Powell Mountain Bikes shop and over the River Wye into the village of Cwmdeuddwr. Here, you can pick up Route 8 (and 81) from Llanidloes as it turns left onto the traffic-free Elan Valley Trail. This heads up through a pleasant wooded nature reserve along the line of a former railway and above the Rhayader Tunnel, before descending gently to a junction with a minor road by the B4518. At this point, Route 81 carries straight on towards Elan Village, but Route 8 turns left and takes you across the bridge over the River Elan. In 100m, bear left at the next right-hand bend to ensure you aim down the valley.

For the next 4km, the route follows a narrow and undulating lane, at first crossing riverside meadows, and then, just before the River Elan joins the Wye, taking to the valley's wooded slopes. Just after the lane's high point, look out for a sharp left turn for the steep descent to the pretty village of Llanwrthwl. (From here, if you wish to avoid the rough Old Coach Road in the next section between Llanwrthwl and Newbridge-on-Wye, the busy A470 should be followed.)

By Llanwrthwl Church, Route 8 turns right down a hedged lane, with the River Wye never far away on the left, before rising to reach the end of the tarmac, where a track leads left down to the farmhouse at Hodrid. Ahead is the start of the delightful Old Coach Road. The initial incline and rough cobbles may require a push if fully-laden, but the route soon levels out and you can enjoy intermittent views down to the River Wye, including the mansion of Doldowlod House, former home of James Watt of steam engine fame. From the high point, there follows a 2km descent to a bridge over a stream and the start of the tarmac again. Beyond, Route 8 turns right for a meandering 100m ascent, fairly steep at first, to reach a sharp left bend after 1.5km, which marks the start of a swooping and welcome descent to the B4358 on the outskirts of Newbridge-on-Wye. Here, a left turn takes you up to the A470 and the elongated village's pubs and small shop.

To head out of Newbridge, follow the A470 southwards for 1km down to a left-hand bend, where Route 8 bears right downhill to cross the River Wye after 1km

◀ ELAN VALLEY TRAIL gateway

LÔN LAS CYMRU: SOUTH

at Brynwern Bridge. For the next 3km, the undulating lane passes through pleasant countryside, before climbing up the valley slopes to a T-junction on the edge of the open moorland. Here, a left turn takes you higher still and you'll need some stamina to enjoy another 3km of undulating lanes before you can finally spy the buildings of Builth Wells as you start your descent down to the valley. At the first houses, look out for a left turn onto a cyclepath which takes you down across a bridge over the River Irfon, before heading left, where the Irfon soon joins the Wye, and alongside playing fields and the recreation ground into the centre of Builth Wells.

Where to stay
For camping, try **White House Campsite** (*whitehousecampsite.co.uk*) on the eastern edge of Builth Wells by the River Wye. For bed and breakfast, **Bron Wye Guest House** (*bronwye.co.uk*) is central on Church Street, **Everlook** (*everlookbuilthwells.co.uk*) is on North Road overlooking the River Wye, and **The Hollies** (*theholliesbuilthwells.co.uk*) on Garth Road has rooms and a twin-bedded chalet.

Spares and repairs
Bike hire and repairs are available from **Builth Wells Cycles** on Smithfield Road.

There is a **tourist information centre** in The Groe Car Park in Builth Wells.

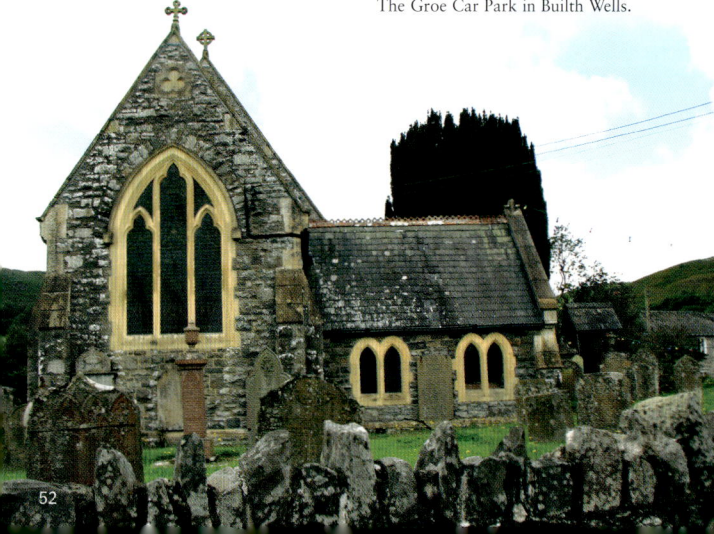

RHAYADER TO BUILTH WELLS

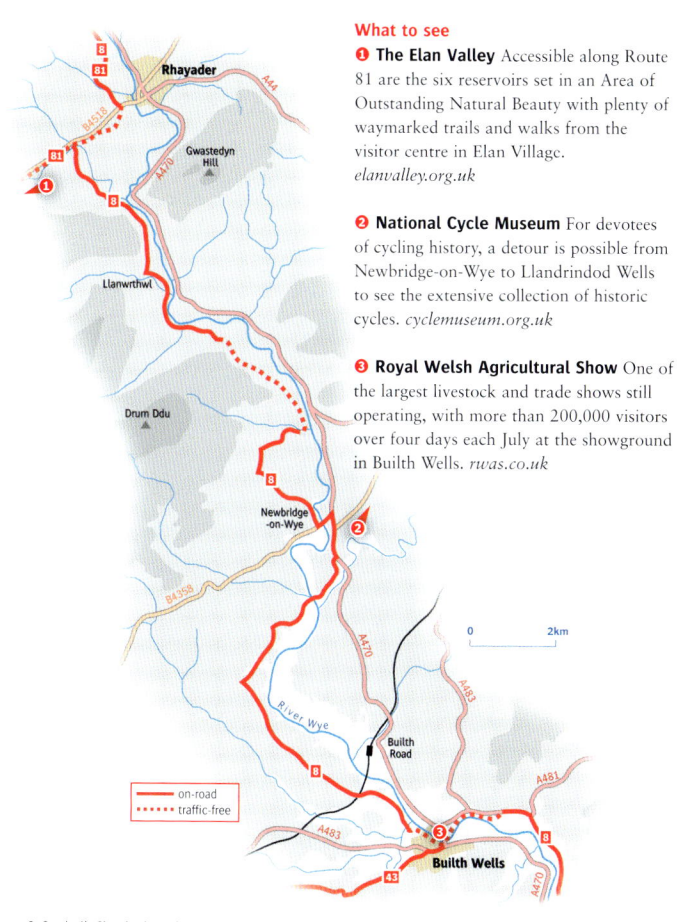

What to see

❶ The Elan Valley Accessible along Route 81 are the six reservoirs set in an Area of Outstanding Natural Beauty with plenty of waymarked trails and walks from the visitor centre in Elan Village. *elanvalley.org.uk*

❷ National Cycle Museum For devotees of cycling history, a detour is possible from Newbridge-on-Wye to Llandrindod Wells to see the extensive collection of historic cycles. *cyclemuseum.org.uk*

❸ Royal Welsh Agricultural Show One of the largest livestock and trade shows still operating, with more than 200,000 visitors over four days each July at the showground in Builth Wells. *rwas.co.uk*

◀ St Gwrthwl's Church, Llanwrthwl

Builth Wells to Glasbury/Hay-on-Wye

Distance **26km/16 miles** Terrain **A short stretch of traffic-free cyclepath followed by the undulating and fast B4567 road, then quieter lanes leading further down the Wye Valley to Glasbury** Time **2 hours** Ascent **190m**

A gradual but undulating descent in the heart of the picturesque upper Wye Valley, initially on roads that can be busy, but beyond Erwood the route is quiet with increasingly dramatic views towards the Black Mountains.

Builth Wells is still very much a busy market town and was once famed for its medicinal waters, hence 'Wells'. Many of the town's Victorian buildings were built to accommodate the influx of tourists who came with the railway to 'take the waters'. Now a good number of the 19th-century guesthouses are still accommodating visitors, especially in July when the town hosts the Royal Welsh Show. There is a one-way system which takes you to the right from the famous six-arched 18th-century bridge over the River Wye and along Broad Street, where you find the town's main shops, pubs and cafés.

Route 8 leaves Builth Wells by crossing the Wye Bridge. At the next bend you'll need to bear right, across the road, onto a traffic-free cyclepath, passing some light industrial sheds, before the route squeezes a way for 1.5km along a section of former railway between the River Wye and the A481. At a roundabout, turn right along this busy road for just 600m, but it'll be something of a relief to turn right for

Locomotive at Erwood Station ▶

◀ Welcome to Builth Wells

Aberedw onto the quieter though still fast B4567. After an initial exhilarating descent, the road makes a more gradual way down the valley for the 9km past Aberedw and on towards Erwood, though the intermittent sharp rises to negotiate the craggy outcrops on this side of the river make for stiffer progress than the map suggests, but then the Wye is one of those river valleys which is always full of surprises.

Erwood Station itself calls out for a stop. It stands on the former Brecon to Llanidloes line, opened in 1864 by the Mid Wales Railway before becoming part of the Great Western Railway some 60 years later. It carried its last train not quite 100 years after it started, in 1962, but the station, abandoned then for more than 20 years, was bought privately in 1984. Now you can look around the renovated station, the collection of steam engines, railway memorabilia and art gallery. There is also a small café and walks to the River Wye.

Just past Erwood Station, Route 8 turns right off the B4567 towards Boughrood along a quiet road which follows the line of the former railway. It is a pleasantly wooded section with the River Wye close by on the right, after 3km passing a right turn over a small suspension bridge to the A470 and Trericket Mill's campsite and bunkhouse. Beyond, the road rises through the hamlet of Llanstephan and then drops gently down to the village of Boughrood, where you swoop round the church, and on to the junction with the B4350 near Llyswen. Here, there is a handy post office and stores, with the Bridgend Pub to the right on the far side of Boughrood Bridge.

However, for the final 6km of this section, Route 8 turns left along the B4350 and climbs briefly, before bearing right and twisting down through Boughrood Brest and across fields, with an increasingly clear view of the northern escarpment of the Black Mountains. There is now one last slight rise through Cwmbach and down past the Woodlands Outdoor Centre, where the influential writer, climber and explorer Colin Mortlock was once Warden, before reaching the village of Glasbury.

The bibliophile's Mecca of Hay-on-Wye is a short run away on minor roads from Glasbury and makes a good stopover, whether you are going to take the high road over Gospel Pass on the road onward from Hay to Abergavenny or head directly from Glasbury to Talgarth and Brecon to follow the more easygoing Taff Trail down to Cardiff.

55

LÔN LAS CYMRU: SOUTH

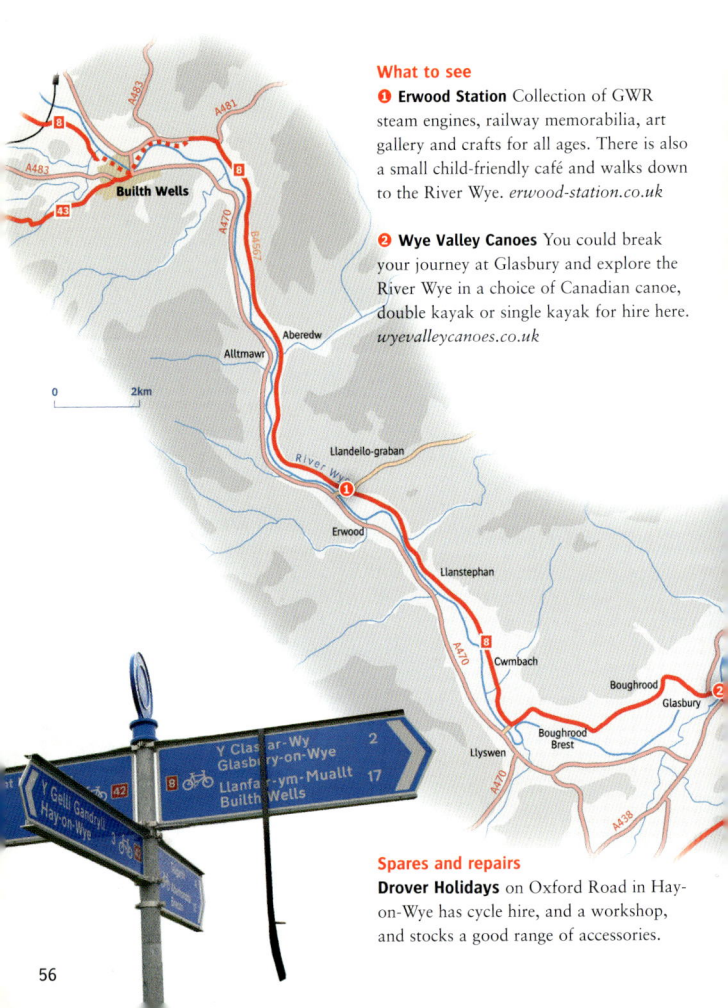

What to see

❶ Erwood Station Collection of GWR steam engines, railway memorabilia, art gallery and crafts for all ages. There is also a small child-friendly café and walks down to the River Wye. *erwood-station.co.uk*

❷ Wye Valley Canoes You could break your journey at Glasbury and explore the River Wye in a choice of Canadian canoe, double kayak or single kayak for hire here. *wyevalleycanoes.co.uk*

Spares and repairs

Drover Holidays on Oxford Road in Hay-on-Wye has cycle hire, and a workshop, and stocks a good range of accessories.

Where to stay

South of Erwood on the A470, **Trericket Mill** has a vegetarian bed and breakfast, a bunkhouse and a small campsite with bike shelter (*trericket.co.uk*). In the centre of Glasbury is **The Maesllwch Arms** (*maesllwcharms.co.uk*) which provides the comfort of a country house hotel, while the **River Cafe** (*wyevalleycanoes.co.uk/rivercafe*) is by the bridge over the Wye and has rooms and an informal licensed restaurant. Just down the B4350 to Hay is the **Harp Inn** (*theharpinn.co.uk*), a traditional pub with rooms. For a wider range of options, you could press on to Hay-on-Wye. **Radnors End Campsite** is over the bridge on Clyro Road (*hay-on-wye.co.uk/radnorsend*). Bike-friendly B&Bs include **Belmont House** (*hay-on-wye.co.uk/belmont*) on Belmont Road, **Rest for the Tired** (*restforthetired.co.uk*) on Broad Street, **The Bridge Bed and Breakfast** (*thebridgehay.co.uk*) on Bridge Street and **St Mary's B&B** (*hay-on-wye.co.uk/stmarys*) on St Mary's Road near the church.

Tourist information can be found on Oxford Road next to the main car park in Hay.

11 LÔN LAS CYMRU SOUTH

Glasbury/Hay-on-Wye to Brecon

Distance 26km/16 miles Terrain Quiet, undulating lanes with one significant and steep ascent through Llanfilo Time 3 hours Ascent 360m

A breeze of a ride along the scenic lower slopes of the northern escarpment of the Black Mountains, with views north across the Wye Valley, leads to a more strenuous section up and down the hills between Talgarth and Brecon.

Glasbury is a delightful village on the banks of the River Wye. It has an attractive hotel, the Maesllwch Arms, and the excellent River Café on the bridge over the Wye, where you can stay and hire canoes. It also makes a good base for exploring the nearby Black Mountains, and Hay-on-Wye is within easy reach along National Route 42, which starts 3km further along Route 8.

Route 8 leaves Glasbury on the A438 by crossing the bridge over the River Wye. Here you should dogleg right and then left onto the road to Velindre to pass under the old railway from Hay-on-Wye to Brecon. Look out for a left turn in 150m up a narrow undulating lane for 2.5km to a crossroads on the high road from Hay to Talgarth.

Here, those wanting to follow National Route 42 to Chepstow can branch left for the 5km run down into Hay-on-Wye. Route 42 takes you briefly up through the hamlet of Ffordd-las before descending through the village of Llanigon to the B4350, where a dogleg left for 300m, then right takes you along a back road, past the motte and bailey castle, and up into the town. For those wanting to bypass Hay-on-Wye and endure an ultimate uphill challenge, it is possible to head straight on at the

◀ Hay-on-Wye browsers

crossroads towards Gospel Pass up a very, very steep road that tackles the northern escarpment pretty much full-on, before veering left to join Route 42 about 2km north of the pass.

Route 8, however, turns right at the crossroads for 5km along the more leisurely lower slopes of the northern escarpment of the Black Mountains. This elevated road heads through the hamlet of Tregoyd, beyond which there is a campsite at Newcourt Farm, and passes the Three Horseshoes pub in the pretty village of Velindre, before descending to the A4078. Here, a left turn along the pavement cyclepath for 1.5km leads to the outskirts of Talgarth, where you can detour left to the centre of the village which has a shop, a pub and a couple of takeaways. To continue, go along the A479 to the roundabout and down the B4560 for another 400m, where a minor road is signed off right to Llanfilo.

This quiet country lane leads between hedges and you're soon climbing through fields on what is a fairly gentle 3.5km ascent to the village of Llanfilo. However, as you turn left up through Llanfilo itself the gradient increases significantly and at the fork by the church make sure you bear right. The church is dedicated to St Bilo and it is worth a stop here to see if it's open – inside there is a pre-Norman font and a medieval rood screen – but even if not, the lychgate, which dates from the early 18th century, is impressive and one of the oldest in the country.

From the right fork, the way ahead has something of a sting in the tail as the climb is not yet over. The lane quickly steepens for an 80m ascent in just over 750m – a short, sharp pull which is more than the map suggests, but then so too is the view from the top. This undulating narrow road heads southwest and then south for the next 3km to the top of a rise, where a right turn by a house called The Gables takes you westwards for another 3km, still climbing gently with more dips and rises than the map suggests, until finally you can swoop downhill and through a series of zigzag junctions which take you under the roaring A470.

The lane continues for another 2km, providing great views of the Brecon Beacons, to reach a roundabout on the outskirts of Brecon, where a left turn along the B4602 will take you down into the town to a junction opposite the columns of the Brecknock Museum, with the town centre to your right.

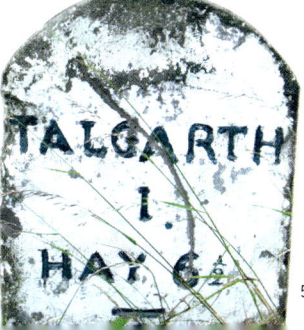

LÔN LAS CYMRU: SOUTH

What to see

❶ Brecon Cathedral and Heritage Centre
This 11th-century building was originally founded as a Benedictine priory, but only received cathedral status in the 20th century. The cathedral is home to the regimental chapel of the South Wales Borderers and the largest Norman font in Britain. *breconcathedral.org.uk*

❷ Brecknock Museum and Art Gallery
Housed in the old Shire Hall with its distinctive facade of columns, the museum has a preserved Victorian assize court, collections of Welsh art and a host of local artefacts from Dark Age canoes to love-spoons. *powys.gov.uk*

❸ The Regimental Museum Discover more than 300 years of regimental history of the South Wales Borderers and The Royal Regiment of Wales as told through the collections of pictures, uniforms, and medals. *rrw.org.uk/museums*

Where to stay

Between Glasbury and Talgarth, there is camping at **Newcourt Farm** (*newcourt-horseriding.co.uk*) and just before Velindre village, you'll find **Acorns** bed and breakfast (*acorns-blackmountains.co.uk*). In Talgarth, the family-run **Tower Hotel** (*towerhoteltalgarth.co.uk*) has a restaurant, rooms and a bunkhouse for small groups. For bed and breakfast, try the bike-friendly **Old Radnor Barn** (*oldradnorbarn.com*). In the centre of Brecon, there is plenty of accommodation available. Bike-friendly

Quiet road on the way to Brecon ▶

GLASBURY/HAY-ON-WYE TO BRECON

options include **The Bridge Cafe** (*bridgecafe.co.uk*), which does food and rooms designed especially for hikers and cyclists, and The Beacons (*thebreconbeacons.co.uk*) on Bridge Street, while right on Route 8 on the eastern edge of town, on The Watton, is the handy family-run **Paris Guest House** (*parisguesthouse.co.uk*). For camping, there is **Priory Mill Farm** campsite on the northern edge of town by the river on Hay Road (*priorymillfarm.co.uk*). Out of town, **Brecon YHA** is at Groesffordd 3km east of Brecon (*yha.org.uk*) or you could keep pedalling a little further towards the village of Talybont for more camping and bunkhouse options (*see page 65*).

Spares and repairs
Bi-Ped Cycles on Ship Street has a workshop and helpful staff.

Brecon's **tourist information centre** is in the town's main car park, in Lion Yard off Lion Street.

Lôn Las Cymru: South

Brecon to Merthyr Tydfil

Distance **37km/23 miles** Terrain Mostly traffic-free along canal towpaths, quiet roads and a former railway line with a major ascent and descent through the Brecon Beacons on some rough-surfaced sections, making it ideal for adventurous family cycling
Time **4-5 hours** Ascent **540m**

Route 8 combines with the Taff Trail for one of the most scenic sections of Lôn Las Cymru. After following the Monmouthshire & Brecon Canal, the climb and descent through the Brecon Beacons makes great use of a carefully graded former railway to deliver you to the 'iron capital' of Merthyr Tydfil.

Brecon has long been used as a base for those wanting to explore the Brecon Beacons, whether on foot, horseback or by bike. For this reason, the town caters exceptionally well for outdoor enthusiasts and there are plenty of options for accommodation and eating. It is also a pleasant town to spend a few hours exploring the cathedral, the eclectic Brecknock Museum or taking a walk down by the River Usk. For cycling, both on- and off-road, Brecon offers an almost endless series of day rides. In addition, the town lies at the northern end of the Taff Trail, an 88km/55-mile mostly traffic-free trail via Merthyr Tydfil to Cardiff. Route 8 follows its eastern branch which heads right through the heart of the central Brecon Beacons.

From the town centre, head along Lion Street out of Brecon, eastwards round the

BRECON TO MERTHYR TYDFIL

one-way system. Just past the columns of the Brecknock Museum, Route 8 turns right down Rich Way to the marina and theatre. Here, go round to the far side of the theatre to pick up the Taff Trail (marked by brown signs) on the southern side of the Monmouthshire & Brecon Canal. This provides some delightful easy cycling for the next 3.5km, passing under the A40 roadbridge to Brynich Lock. Then the trail turns right onto the B4558 over the River Usk and gently uphill for 600m, before bearing right onto a minor road to the pretty village of Llanfrynach. Halfway round the large churchyard, and before the White Swan pub, turn right onto an undulating lane which leads in 2.5km to Pencelli and the B4558, where there is the smart and handy Pencelli Castle campsite.

Here, turn right over a rise and descend for 1.5km to a right turn by a war memorial towards Talybont Reservoir (if heading for accommodation in Talybont village, carry straight on). The road rises and falls up the valley on its way through Aber Village, but by the time you reach Talybont Reservoir you can sense that the major ascent of the day is already well underway. The route turns left across the reservoir's dam and, on the far side, bears right to follow the hard-packed gravel track of the former Brecon and Merthyr Junction Railway for 7.5km up a graded ascent of 180m, which makes the climb straightforward if long, passing the northern entrance to the old Torpantau Tunnel. Here, the gradient increases briefly through a forestry plantation to reach the mountain road up from Glyn Collwyn.

The route turns left along the road over the high point of 439m and descends for 500m to the southern entrance of Torpantau Tunnel and a small car park, where it veers right into the Taf Fechan Forest, down a rougher track to a lower car park. Here, you rejoin the road again, turning left over a stream and then a series of short rises alongside Pentwyn Reservoir, built in the mid-18th century to supply clean water to the residents of Merthyr Tydfil after an outbreak of cholera, to reach the northern end of Pontsticill Reservoir. At this point, the Taff Trail bears right into the forestry for a 3.5km loop involving a 100m ascent on rough tracks (after 1km, be sure to bear right at a track junction) before rejoining the road just above the village of Pontsticill – well-suited to a mountain bike and passable if you are on a fully-laden tourer, though you have the option to continue along the road.

Just above Pontsticill, where there is the friendly Red Cow pub, Route 8 descends sharply left across the southern end of the reservoir before heading down the road on the opposite side of Cwm Taf Fechan and

◀ Brecon

LÔN LAS CYMRU: SOUTH

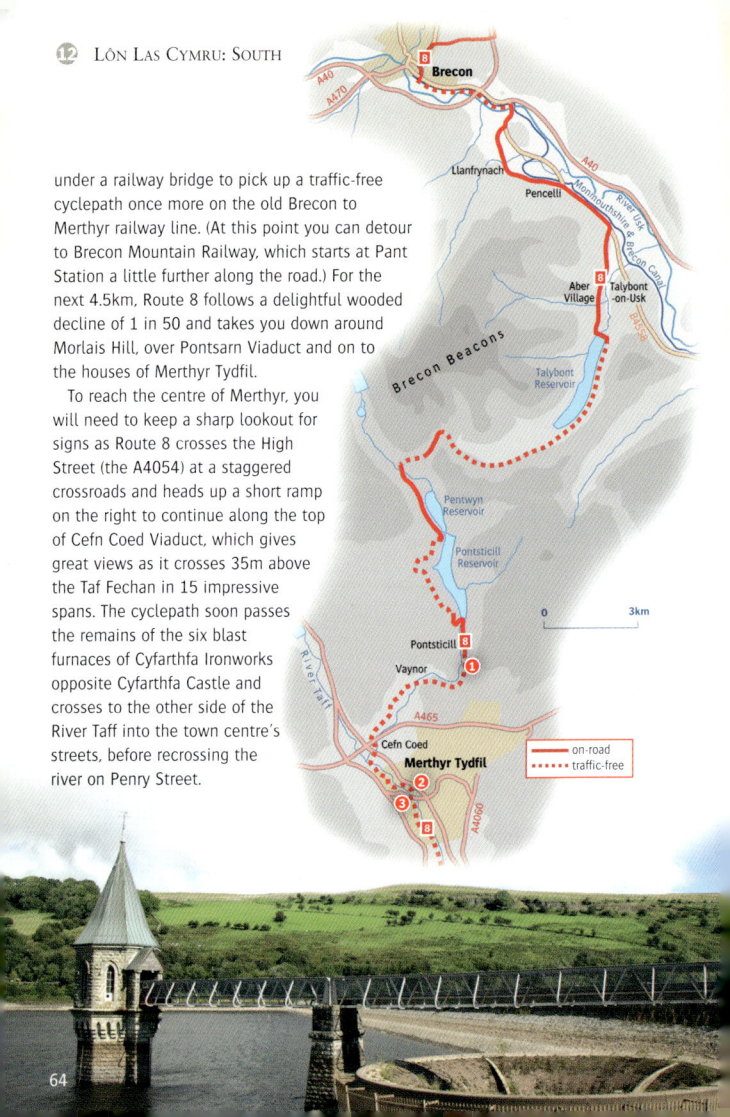

under a railway bridge to pick up a traffic-free cyclepath once more on the old Brecon to Merthyr railway line. (At this point you can detour to Brecon Mountain Railway, which starts at Pant Station a little further along the road.) For the next 4.5km, Route 8 follows a delightful wooded decline of 1 in 50 and takes you down around Morlais Hill, over Pontsarn Viaduct and on to the houses of Merthyr Tydfil.

To reach the centre of Merthyr, you will need to keep a sharp lookout for signs as Route 8 crosses the High Street (the A4054) at a staggered crossroads and heads up a short ramp on the right to continue along the top of Cefn Coed Viaduct, which gives great views as it crosses 35m above the Taf Fechan in 15 impressive spans. The cyclepath soon passes the remains of the six blast furnaces of Cyfarthfa Ironworks opposite Cyfarthfa Castle and crosses to the other side of the River Taff into the town centre's streets, before recrossing the river on Penry Street.

BRECON TO MERTHYR TYDFIL

On the road to Merthyr ▲

What to see

❶ Brecon Mountain Railway For a more leisurely view of the Brecon Beacons, you can't beat taking the steam locomotive from Pant Station to the north end of Taf Fechan Reservoir and back. *breconmountainrailway.co.uk*

❷ Cyfarthfa Castle This grand castellated mansion was built in 1824 by the 'Ironmaster' William Crawshay who made his fortune from the ironworks it looked down on. The basement houses a museum dedicated to Merthyr's turbulent history.

❸ Joseph Parry's Ironworker's Cottage Famous as the birthplace of Dr Joseph Parry, probably Wales' best known musician and composer, the cottage has been carefully restored and furnished to give an insight into the life of a skilled ironworker in the 1840s. *merthyr.gov.uk/museum*

◀ Pontsticill Reservoir

Where to stay

Pencelli Castle Caravan and Camping Park (*pencelli-castle.com*) provides comfortable camping. A little further on, in Talybont village, there's good food at **The White Hart Inn and Bunkhouse** (*breconbunkhouse.co.uk*), and there is the small and friendly campsite at **Talybont Farm**. In Merthyr there are plenty of bike-friendly options, including **The Tredegar Arms Inn** (*tredegararmshotel.co.uk*) a little way out on the town's eastern edge and, on High Street, the central **Imperial Hotel** (*imperial-hotel.org.uk*).

Spares and repairs

Taff Vale Cycles is in Georgetown in Merthyr Tydfil, near Cyfarthfa Retail Park.

🛈 The **tourist information centre** in Merthyr Tydfil is on Glebeland Street, off High Street.

65

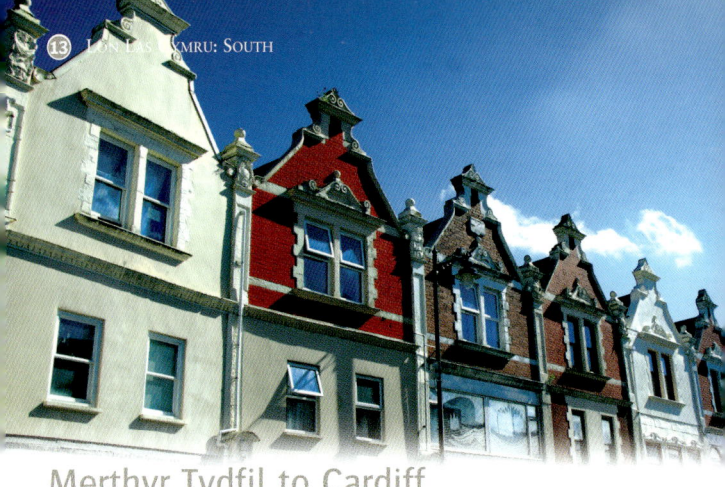

Merthyr Tydfil to Cardiff

Distance **46.5km/29 miles** Terrain **Easy cycling down a largely traffic-free series of linked cyclepaths along the Taff Valley** Time **3 hours** Ascent **90m**

This final section of Route 8 passes through one of the most historic and industrialised parts of South Wales on its surprisingly leafy way to the capital city of Cardiff. Whether at the end of a day's ride or a week's tour, the finish at Cardiff Bay is an absolute delight.

From the centre of Merthyr Tydfil, where Route 8 crosses the River Taff on Penry Street, the ride heads south on a traffic-free cyclepath down the west side of the increasingly gorge-like valley. Snaking up the hills on either side, you can glimpse the settlements that were built to house the workers that came to this area in its industrial heyday of the 18th and 19th centuries. After 6km, you pass above the houses of Aberfan, where you need to keep to the higher cyclepath. Watch out for an unexpected right turn which takes you steeply up under the A470 and then left for 1.5km, parallel with this fast road though still on a cyclepath. Next, turn sharp left down a set of steps alongside a large pipe, through another underpass back under the A470. You now descend to a delightful stone bridge, Pont y Gwaith, over the River Taff and a short but steep ascent to the line of the Pennydarren Tramway, which was traversed in 1804 by Trevithick's pioneering steam locomotive from Merthyr to Abercynon.

Here, Route 8 turns right and follows the former tramway through a steep-sided wooded gorge, with glimpses of the river down below — you will need to keep a lookout here for old railway sleepers in the bed of the path. In 2km, you cross the River Taff on the first of two stone bridges as you

◀ Downtown Merthyr

pass Edwardsville. This first bridge was the scene of a disaster in 1815 when it collapsed as a train was crossing. Before the second bridge, you cross Goitre Coed Road, from where National Route 47, the Celtic Trail, heads off left on its way to Newport. You can use this to detour over the A4054 to the village of Quakers Yard, whose name stems from a nearby burial ground for the Society of Friends. From here, the tramway takes you to a lane into Abercynon, whose houses can be seen crowding the other side of the valley, and a junction with the B4275, where a left turn takes you to the Navigation House pub.

At this point, where there has long been a signed road diversion, Route 8 turns right onto Martins Terrace and joins the traffic-free cyclepath near the playground. After the playing fields you go straight on, past the junction with Route 47, the Celtic Trail, and along the line of the former Taff Vale Railway for 2km to reach the streets of Pontypridd. Look out for a right turn along Bonvilston Road and follow the signs along the one-way system to West Street. Then turn right into Fish Lane, which takes you down to the entrance to Ynysangharad Park, opposite which is the handy EC Cycles.

Route 8 continues through this leafy and lawned park where you should keep to the left-hand edge. Over on the right is the James Memorial which commemorates the father and son who jointly composed Wales' national anthem, Hen Wlad Fy Nhadau (Land of My Fathers). In the far corner of the park, where you meet the River Taff, turn left towards Glyntaff. Here, National Route 4 joins from the right as far as Nantgarw. Follow the River Taff to a footbridge over the A470, turn right down Pentrebach Road (A4054) and then left up past the University of Glamorgan buildings and Glyntaff cemetery and crematorium.

This place is remembered for its seemingly grim association with the maverick 19th-century archdruid Dr William Price, who cremated his son at a time when the practice was illegal. He was subsequently acquitted in what became a landmark case for the establishment of cremation. However, what is less well known is that, at the time of the case, Price had long been a surgeon, social reformer and benefactor, whose good works are now commemorated by a blue plaque at the Round Houses in Glyntaff. Price died in 1893 and was cremated.

Just before the cemetery's church, turn right to pick up a wooded and traffic-free cyclepath. For the 5km to Nantgarw, it keeps away from the industrial valley bottom by following the line of the former

13 LÔN LAS CYMRU: SOUTH

Alexandra Docks Railway, built in the second half of the 19th century to transport coal to Newport. At Nantgarw, Route 4 branches off left to Caerphilly, while Route 8 drops down to the right through housing, across the busy A468 and on along the cyclepath for another 2km, over the A470 once more and on to Taffs Well, with Castell Coch perched on the steep slopes up to the left. The route now goes through Tongwynlais, where a right turn takes you under the A470, down to the River Taff and then under the M4.

For the final 12km into Cardiff, Route 8 returns to the River Taff, which forms a green corridor fringed by delightful sections of woods and parkland that delivers you right into the heart of the capital city. First you pass the entrance to Forest Farm Country Park, then into Hailey Park and, 1km past Llandaff Cathedral, which is on the opposite side, ensure you cross over the suspension bridge to the river's west bank. From here, Pontcanna Fields lead to Bute Park, beyond which you pass the well-known landmark of the Millennium Stadium and then the railway station to reach the towering new developments of Cardiff Bay. Route 8 has one last flourish as it swoops round the very edge of the bay area before circling left to finish on the boardwalk overlooking Cardiff Bay adjacent to the water's edge at the Celtic Ring, an interactive bronze sculpture by Harvey Hood which commemorates the maritime history of the former Cardiff Docks.

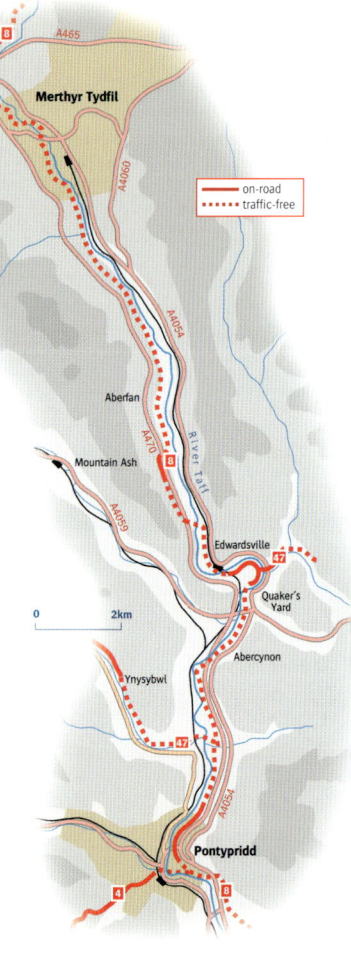

MERTHYR TYDFIL TO CARDIFF

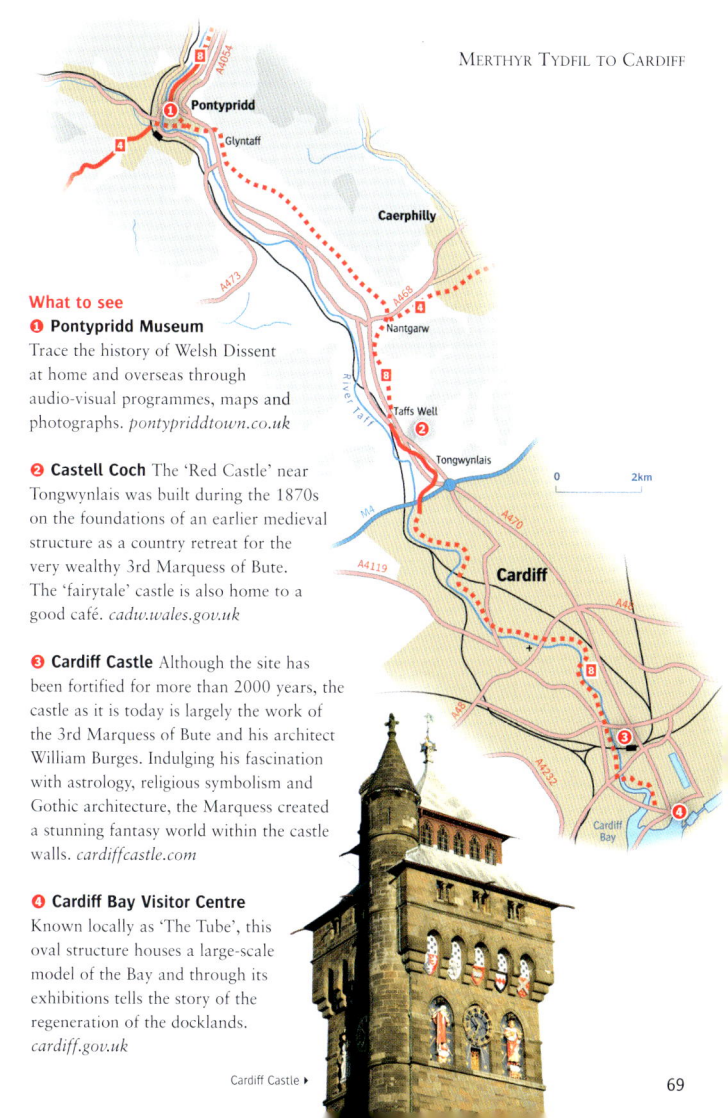

What to see

❶ Pontypridd Museum
Trace the history of Welsh Dissent at home and overseas through audio-visual programmes, maps and photographs. *pontypriddtown.co.uk*

❷ Castell Coch
The 'Red Castle' near Tongwynlais was built during the 1870s on the foundations of an earlier medieval structure as a country retreat for the very wealthy 3rd Marquess of Bute. The 'fairytale' castle is also home to a good café. *cadw.wales.gov.uk*

❸ Cardiff Castle
Although the site has been fortified for more than 2000 years, the castle as it is today is largely the work of the 3rd Marquess of Bute and his architect William Burges. Indulging his fascination with astrology, religious symbolism and Gothic architecture, the Marquess created a stunning fantasy world within the castle walls. *cardiffcastle.com*

❹ Cardiff Bay Visitor Centre
Known locally as 'The Tube', this oval structure houses a large-scale model of the Bay and through its exhibitions tells the story of the regeneration of the docklands. *cardiff.gov.uk*

▸ Cardiff Castle

LÔN LAS CYMRU: SOUTH

Where to stay
The Welsh International Climbing Centre (*summitcentre.co.uk*) just off the trail at Treharris has family rooms. If you want bed and breakfast before reaching the outskirts of Cardiff, try **Gelynis Farm** (*gelynisfarm.co.uk*) in Morganstown just north of the M4. As you would expect in Cardiff, there is a huge range of accommodation. You could do worse than try your luck on Cathedral Road in Pontcanna opposite Bute Park where there are a number of guesthouses. Budget options near the Millennium Stadium are **Austin's Guest House** (*hotelcardiff.com*) on Coldstream Terrace, **NosDa Studio Hostel** (*nosda.co.uk*) on Despenser Street, and **River House Backpackers** (*riverhousebackpackers.com*) on Fitzhamon Embankment. **Cardiff Youth Hostel** (*yha.org.uk*) is north of the city centre near Roath Park.

Spares and repairs
In Pontypridd head for **Extreme Culture Cycles** on Bridge Street. In Cardiff within reach of the trail are **The Bike Shed** on Wyndham Crescent, **Cyclopaedia** on Crwys Road and **Sunset Mountain Bikes** on Woodville Road.

You'll find the **tourist information centre** in Pontypridd at the Pontypridd Museum on Bridge Street. In Cardiff, head for Cardiff Bay Visitor Centre at The Tube on Harbour Drive.

Hay-on-Wye to Abergavenny

Distance 34km/21 miles Terrain A long and steep climb through the Black Mountains, then country lanes to Abergavenny Time 4 hours Ascent 560m

One of the most dramatic and challenging sections of Lôn Las Cymru has you heading over the high Gospel Pass and down through the Vale of Ewyas in the heart of the Black Mountains.

The town of Hay-on-Wye lies right on the Welsh-English border, and literally so as the centre and the western parts of the town lie in Wales, while some houses in the eastern part are in England. Bookshops have dominated the town for some decades now, but it has long been a market town and it has its own Norman Castle, though even this has been converted into a bookstore. At the end of May, the town hosts the Hay Literary Festival, but outside of this frantic fortnight it is a great base for cycling and other outdoor pursuits, with the hills of the Black Mountains and the gentler slopes of the lower Wye Valley offering day rides to suit all levels and tastes.

To continue along Lôn Las Cymru, now signed as Route 42, take the B4350 towards Glasbury, heading south out of Hay-on-Wye, and turn left onto Forest Road towards Capel-y-ffin. You're soon climbing on the long ascent to Gospel Pass, up a narrow hedged road with the Dulas Brook down in the valley on the left. The lane twists and climbs its way around the northern slopes of Hay Bluff for 3km to a

14 LÔN LAS CYMRU: SOUTH

fork in the road, where Route 42 keeps right.

Just beyond a cattle grid, the gradient steepens and brings you onto the higher and more open bracken-covered slopes. From here, you'll find increasingly good views back down to Hay and the Wye Valley and ahead to the Brecon Beacons on the skyline. The mountain road continues a rising traverse up the dramatic northern escarpment of the Black Mountains, with the popular top of Hay Bluff up to the left. Some stamina and a head for heights will be needed on this section as it is 4km to the high point and there is an increasingly steep drop on the right. The road coming up from the right halfway along, after 2km, is the very steep shortcut link from Route 8 above Glasbury (*see pages 58-59*).

72

Gospel Pass ▶

Airy Gospel Pass marks the high point of Route 42 at 538m. In fact, it is also the highest point on Lôn Las Cymru for those finishing in Chepstow. The name of the pass in Welsh, Bwlch-yr-Efengyl, commemorates the legend that Gerald of Wales passed this way in the 12th century. Now it is a place people come to for the views or cross on a traverse between the tops of Twmpa and Hay Bluff.

The 4km descent to Capel-y-ffin continues on the narrow mountain road. Initially it is fairly steep, with the drop this time on the left and, therefore, on a bike you feel a little more exposed, but you're soon twisting a way down the wooded slopes above the infant River Honddu, with an increasingly open vista down the magical Vale of Ewyas. Capel-y-ffin is now a quiet hamlet, with a farm, some cottages and two chapels at the junction of two mountain streams. It's worth stopping here to have a look around the tiny Church of St Mary, which has a lopsided belltower, and it's easy to appreciate that the name of the hamlet means 'Chapel of the Boundary'.

From Capel-y-ffin, Route 42 continues down the valley for 5.5km to Llanthony, passing the Half Moon Hotel just before the lane that takes visitors up to the ruins of Llanthony Priory. This religious house, founded in the 12th century by Augustinian monks, is dedicated to St David, who is commemorated in the original name Llanddewi Nant Honddu, or St David's in the Valley of the Honddu.

From Llanthony, you pass 8km further down the Vale of Ewyas, along which the road has a few dips and rises as it passes through fields and past farms, with the

LÔN LAS CYMRU: SOUTH

rocky bluff of Hatterrall Hill away on the left. As the sides of the valley press in briefly, you pass the Queen's Head pub before heading through Stanton. Just under 1km beyond this hamlet, don't be too distracted by the view of the western slopes of The Skirrid, but keep a lookout for a right turn by Lower Stanton Farm. (However, if you're looking for refreshments before Abergavenny, you could keep straight on for 1.5km to the village of Llanvihangel Crucorney, where there is a small shop and the Skirrid Mountain Inn.)

Route 42 now heads southwards for 1km on a narrow country lane, up over a rise and down to a junction, where a right turn takes you towards Abergavenny. From here, the final 6km of this section is on an undulating road which travels through the hamlet of Penyclawdd, with good views left to The Skirrid, and then Pantygelli. (If you want to bypass Abergavenny, in 1.5km look out for the shortcut to the left which heads through Llantilio Pertholey and links with Route 42 again at Tredilion.)

The final run down the Old Hereford Road into Abergavenny, with a great view of The Blorenge, will come as a welcome respite on this hilly section. Before the centre itself, just past the secondary school, keep a lookout for the blue signs as Route 42 turns left onto a cut-through to Park Crescent, before heading right down Park Avenue to Park Road, across which lies the town centre. At this point, to pass through the town centre, you will need to dogleg left, then right before a little further on crossing the part-pedestrianised High Street and heading along Neville Street, where a left turn leads to a cyclepath around Abergavenny Castle, and the junction with Route 46, and into Mill Street opposite the tourist information centre and bus station on Cross Street.

HAY-ON-WYE TO ABERGAVENNY

What to see

❶ Llanthony Priory A ruined but still impressive Augustinian priory surrounded by the high ridges of the Black Mountains. A hotel and bar are incorporated into the buildings. *cadw.wales.gov.uk*

❷ Abergavenny Museum and Castle Find out about the town of Abergavenny and Welsh history. There are permanent displays and regular temporary exhibitions. *abergavennymuseum.co.uk*

❸ St Mary's Church Tithe barn recently restored, the building dates from the 12th century and now houses the Abergavenny Tapestry. *stmarys-priory.org*

Where to stay

There are a number of campsites in the Vale of Ewyas including **Court Farm** campsite at Llanthony. In Abergavenny, among the B&B options are **The Market Tafarn** (*markettafarn.co.uk*) on Lion Street (with dormitory option), the **Park Guest House** (*parkguesthouse.co.uk*) and the **Black Lion Guest House** (*blacklionaber.co.uk*), both on Hereford Road. Another good option is **Mulberry House** (*mulberrycentre.com*), a large YHA-affiliated hostel at Pen Y Pound.

Spares and repairs

Head for **M&D Cycles** on Frogmore Street or **Gateway Cycles** on Brecon Road in Abergavenny.

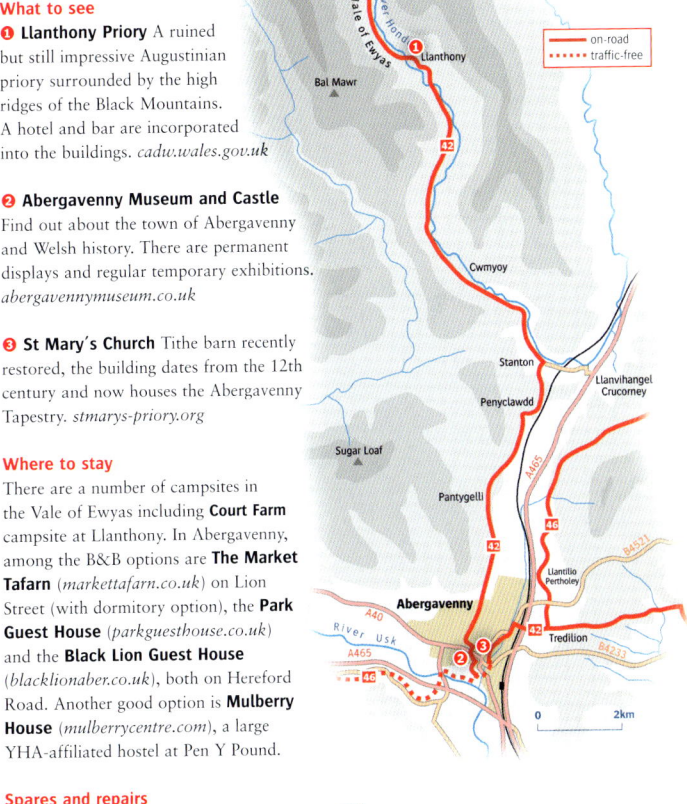

ℹ The **tourist information centre** in Hay is on Oxford Road and, in Abergavenny, on Monmouth Road.

Abergavenny to Chepstow

Distance 46.5km/29 miles Terrain A scenic but tough section using country lanes with two significant ascents Time 4-5 hours Ascent 710m

True to character, this section of Lôn Las Cymru presents a final challenge and has you crossing the grain of some of the most stunning countryside along the entire route. You climb through farmland and villages to reach the broad Usk Valley before tackling the last major ascent across the intervening ridge of Wentwood and the final descent into the Wye Valley and the historic town of Chepstow.

The country around Abergavenny has much to offer cyclists. It is located on the eastern edge of the Brecon Beacons National Park, with the Black Mountains looming over the town to the north, while to the south the impressive bulk of The Blorenge marks the start of an extensive area of moorland. If more gentle cycling is required The Monmouthshire & Brecon Canal provides some level, family-friendly possibilities. In addition, National Route 46 passes through the town on its way from the South Wales coast at Newport or Neath towards Droitwich in the Midlands.

From the bus station on Cross Street at the lower end of Abergavenny, Route 42 heads out of town to the River Gavenny. Here, with a choice of routes, turn left, either through the park or, just across the bridge, along Holywell Road, before doglegging left along Monk Street and right up Ross Road to the B4521. At this junction, go straight ahead for 200m before turning right down Tredilion Road to pass

ABERGAVENNY TO CHEPSTOW

◀ Abergavenny Market Hall

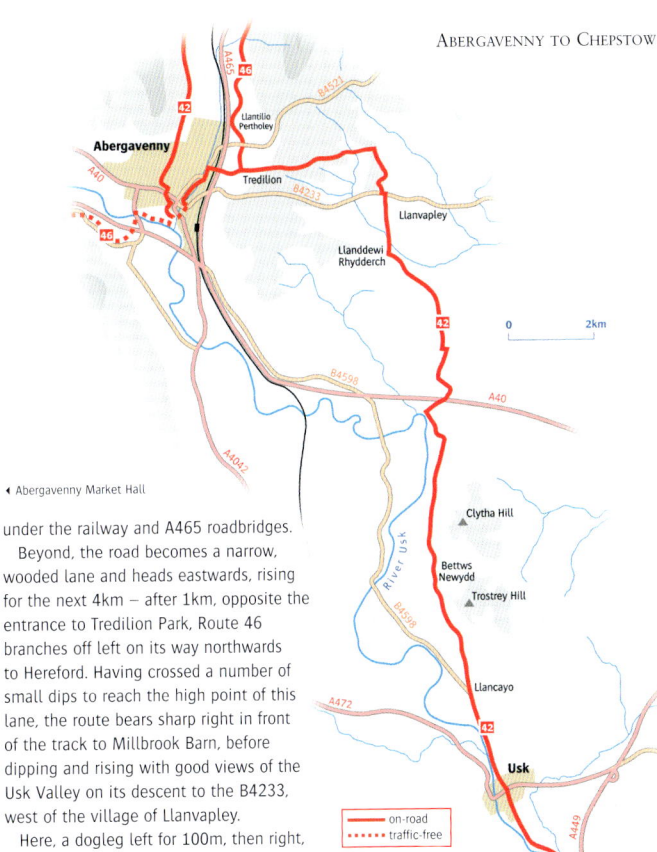

under the railway and A465 roadbridges.

Beyond, the road becomes a narrow, wooded lane and heads eastwards, rising for the next 4km – after 1km, opposite the entrance to Tredilion Park, Route 46 branches off left on its way northwards to Hereford. Having crossed a number of small dips to reach the high point of this lane, the route bears sharp right in front of the track to Millbrook Barn, before dipping and rising with good views of the Usk Valley on its descent to the B4233, west of the village of Llanvapley.

Here, a dogleg left for 100m, then right, allows you to continue southwards for 1.3km down to the village of Llanddewi Rhydderch. Past the village's recreation area the lane begins to rise in fits and starts and, in 1.5km, you will need to keep a sharp lookout for a right turn to Penpergwm. In another 800m, at a sharp bend, the left turn to Coed Morgan is also easy to miss. This lane leads down to a junction, where a dogleg right over the A40 dual carriageway, then left for 800m along the busier road towards Raglan brings you to a right turn opposite the imposing gates to the private Clytha House.

15 LÔN LAS CYMRU: SOUTH

Route 42 now follows a lane, parallel with the River Usk, as it rises for 2.5km through parkland and up to the village of Bettws Newydd, perched on a hillside above the broadening Usk Valley, before descending to a junction with the B4598. A left turn, alongside the river, soon takes you into the centre of Usk itself. Here, you can stock up at the local supermarket or you could spend a little longer and visit Usk Castle and the Rural Life Museum or take a stroll around this pretty town and over the water meadows beside the River Usk.

Lôn Las Cymru leaves Usk heading southwards on Maryport Street and alongside the River Usk for the next 3km, before veering left at Llanllowell under the A449. A gentle rise and descent across a dip leads to the start of an increasingly steep ascent of 200m over 2.5km, up to the northern edge of Wentwood Forest. The gradient finally eases after a prominent left-hand bend, but you'll need to keep a lookout for the left turn at a staggered crossroads to Shirenewton. This lane allows you to breathe easy for a while as it descends for 3.5km around the northern edge of Wentwood Forest. However, you will soon need your legs again as the route bears right to begin another 3km climb, steeply at first, though higher up the lane takes a more undulating line up through Brynawel to a junction on the top of the broad ridge. Here, a right turn soon gives you some airy views across the Severn Estuary and a first glimpse of the buildings of Chepstow on the way down to Shirenewton.

It is easy to miss the left turn in the centre of the village, down past the Tredegar Arms pub. In another 250m, at the bend, turn right down a narrow lane between fields, forking left after 2.5km, beyond which you head more steeply down Ticken Hill to a roundabout in the wooded dell of Mounton. Route 4, the Celtic Trail, from Newport merges from the right at this point. A left turn requires you to make one final uphill effort for 1.3km to meet the A466 on the western edge of Chepstow.

Route 42 avoids a direct approach into Chepstow, preferring instead to wind a

78 Usk Rural Life Museum ▶

What to see

❶ Usk Castle The now ruined 12th-century Norman castle still stands on its hill above the town and makes for a pleasant and atmospheric walk. *uskcastle.com*

❷ Usk Rural Life Museum Local enthusiasts have created a little gem. You can see a wide range of items to do with country living over the centuries. *uskmuseum.org.uk*

❸ Chepstow Museum This award-winning museum, in a delightful townhouse opposite the castle, tells the fascinating story of Chepstow – fortified outpost, port, market town and early tourist attraction – through the centuries.

❹ Chepstow Castle Begun in 1067 by William FitzOsbern, one of the great Marcher Lords appointed by William the Conqueror to secure the borderlands, it was strategically important for centuries. It's fascinating inside; the greatest aspect is from the river, above which the castle walls rise like a limestone tower. *cadw.wales.gov.uk*

LÔN LAS CYMRU: SOUTH

leisurely way round to the south in order to avoid the town's considerable traffic, so you'll need to keep a lookout for the blue route signs. Head right alongside the A466 to the large roundabout and on for a further 500m, where Route 4 keeps ahead towards the Severn Bridge, England and Bristol, but Route 42 bears left at this point along Mathern Road to a T-junction. Here, dogleg right down Bulwark Road and then take the first left along Strongbow Road, where a tarmac cyclepath heads off to the left and twists its way down through a wooded dell into Wye Crescent. Continue along Hardwick Avenue, past the Old Port Wall and over the busy A48 to reach the town centre, from where the one-way system takes you downhill to Chepstow Castle and the official end of Lôn Las Cymru.

Where to stay

In Chepstow bike-friendly B&Bs include **Chateau Terrace** and **St Ann's House** (*stannshousechepstow.co.uk*) on Bridge Street, and **First Hurdle Guest House** (*thefirsthurdle.com*) on Upper Church Street. For fans of real ale, the **Coach and Horses Inn** (*thecoachandhorseschepstow.co.uk*) on Welsh Street overlooking Chepstow Castle is a traditional pub with rooms. On Bridge Street there is also **Castle View Hotel** (*hotelchepstow.co.uk*) and **Afon Gwy**, a restaurant with rooms.

Spares and repairs

In Chepstow there is the excellent **559 Bikes** on Manor Way at the top end of town.

The **tourist information centre** in Chepstow is on Bridge Street, near the castle.

▼ Chepstow Castle

Lôn Las Cymru

Yr Arweiniad Swyddogol i'r Rhwydwaith Beicio Cenedlaethol
Llwybr 8 a Llwybr 42 o Gaergybi i Gaerdydd neu Gas-gwent

YMUNWCH Â'R MUDIAD
sus**trans**
JOIN THE MOVEMENT

Mae'r awdur a'r cyhoeddwr wedi gwneud pob ymdrech i sicrhau bod y wybodaeth yn y cyhoeddiad hwn yn fanwl gywir ac nid ydynt yn derbyn unrhyw gyfrifoldeb o gwbl am unrhyw golled, niwed neu anghyfleustra a ddaw i ran unrhyw un neu unrhyw rai wrth ddefnyddio'r llyfr hwn.

cyhoeddwyd gan
pocket mountains ltd
Holm Street, Moffat DG10 9EB
pocketmountains.com

ISBN-13: 978-1-907025-21-1

Hawlfraint testun a ffotograffiaeth © Pocket Mountains Ltd a Sustrans 2011

Fformat a dylunio © Pocket Mountains Ltd 2011

Mae cofnod catalog ar gyfer y llyfr hwn ar gael o'r Llyfrgell Brydeinig

Mae'r holl fapiau llwybr wedi eu seilio ar ddeunydd Argraffiad Poblogaidd yr Arolwg Ordnans 1945. Fe'u hadolygwyd yn dilyn arolygon maes gan Pocket Mountains Ltd, 2010/2011.
© Pocket Mountains Ltd a Sustrans 2011

Cedwir pob hawl. Ni chaniateir atgynhyrchu unrhyw ran o'r cyhoeddiad hwn, ei gadw mewn system adfer, neu ei drosglwyddo ar unrhyw ffurf neu mewn unrhyw fodd, boed yn electronig neu'n fecanyddol, gan gynnwys llungopïo a recordio, oni bai y caniateir hynny yn benodol gan Pocket Mountains Ltd a Sustrans

Argraffwyd yng Ngwlad Pwyl

Rhagarweiniad

O Ynys Cybi yn y Gogledd i ddyfroedd Bae Caerdydd yn y De, mae Lôn Las Cymru yn mynd trwy rai o dirweddau mwyaf trawiadol Prydain wrth iddi ddringo a phlymio, troelli a gwau ei ffordd o fôr i fôr.

Agorwyd Lôn Las Cymru ym 1995 (Llwybr 8 a Llwybr 42) ac mae'n daith 400km/250 milltir llawn cyffro. Mae'n mynd â chi o forfeydd heli isel Ynys Môn, ar hyd yr arfordir rhwng y môr a mynyddoedd Eryri, dros fynyddoedd diarffordd Canolbarth Cymru, cyn i Afon Hafren ac yna Ddyffryn Gwy eich arwain trwy gefn gwlad esmwythach. Mae dewis o ran gorffen y llwybr, naill ai dros y Mynyddoedd Du i Sir Fynwy neu dros Fannau Brycheiniog ac i lawr Cwm Taf at yr arfordir unwaith eto yng Nghas-gwent neu Gaerdydd.

Rhoddodd Sustrans radd Heriol i'r llwybr, ac mae'n un o'r anoddaf o'r holl lwybrau ar y Rhwydwaith Beicio Cenedlaethol. Fodd bynnag, mae'n daith y gellir ei chwblhau o fewn wythnos fel taith feicio di-dor hunangynhaliol. Er hynny, bydd arnoch angen geriau, coesau ac ysgyfaint cryf ar gyfer dringo cyfanswm o 5000m yn ystod y daith o'r Gogledd i'r De, a hefyd rhaid bod yn gyfforddus wrth feicio ar diroedd sydd ar adegau yn ddiarffordd.

Gellir hefyd torri'r llwybr yn adrannau hawdd eu cyflawni mewn diwrnod neu benwythnos ac mae nifer o lwybrau eraill Sustrans yn cysylltu â Llwybr 8, fel y gallwch gynllunio eich teithiau cylchol llai eich hunan. Mae nifer dda o'r adrannau yn addas ar gyfer teuluoedd ac mae digonedd o bethau diddorol ar y ffordd, boed yn gestyll, llynnoedd, traethau, coedwigoedd, afonydd neu'n olygfeydd, pe bai arnoch angen esgus i dreulio amser yn pedlo yn awyr agored Cymru, ymhell o brysurdeb bywyd modern.

Yn swyddogol, mae Lôn Las Cymru wedi'i rhannu'n ddwy ran: yr adran ogleddol (220km/137 milltir) o Gaergybi i Lanidloes a'r adran ddeheuol (189km/118 milltir) o Lanidloes i Gaerdydd. Ar ben hyn, mae dewis ar gyfer adran olaf y llwybr deheuol: mae Llwybr 42 yn fforchio yng Nghlas ar Wy, gan fynd dros y Mynyddoedd Du i Gas-gwent, ac mae'n bosibl mai dyna fyddai dewis y sawl sydd am barhau eu taith i Loegr.

Mae Lôn Las Cymru – Gogledd yn cychwyn yn raddol, gan ddefnyddio lonydd tawel i groesi Ynys Môn a chadw at yr arfordir ar lwybrau'r cyn reilffordd heibio tref brifysgol Bangor a Chaernarfon hanesyddol ar ei ffordd i Borthmadog. Mae'r llwybr yn darganfod ei wir gymeriad wrth droi am odre'r Rhinogydd, gan ddisgyn am ychydig i lan y môr y Abermaw a chroesi aber Afon Mawddach i Ddolgellau, cyn dringo unwaith eto i amgylch Cadair Idris creigiog. Yna mae'n mynd trwy dref Machynlleth a thros fwlch uchel ar lethrau Pumlumon cyn i Afon Hafren yn nyfnder Coedwig Hafren eich arwain i lawr i Lanidloes.

Mae Lôn Las Cymru – De yn parhau i ddringo o Lanidloes ar draws tirwedd

Canolbarth Cymru, heibio Llangurig ac i lawr Dyffryn Gwy i Raeadr Gwy a Llanfair-ym-Muallt. Mae cefn gwlad mwy esmwyth yn eich arwain am ychydig ar hyd Afon Gwy at fur trawiadol y Mynyddoedd Du. I'r sawl sydd am ddod â'u taith i ben yng Nghas-gwent, ar Lwybr 42, mae bwlch uchel, sef Bwlch yr Efengyl, yn cynnig ffordd trwodd i gefn gwlad tonnog Sir Fynwy. Mae Llwybr 8 yn troi am Aberhonddu a Thaith Taf sy'n weddol ddi-draffig, dros Fannau Brycheiniog ac i lawr Cwm Taf i Gaerdydd.

Er bod y daith gyfan o'r gogledd i'r de yn gofyn llawer, mae nifer o adrannau llai heriol, hawdd eu cyrraedd ar gael i'r sawl sy'n awyddus i brofi'r hyn mae'r daith yn ei chynnig ond sydd heb yr amser na'r awydd i deithio'r llwybr cyfan. Yn y gogledd bydd Ynys Môn gyfan, yr adran arfordirol o Fangor i Borthmadog a Llwybr Mawddach o Abermaw i Ddolgellau oll yn darparu tirwedd haws. Yn y de, mae Dyffryn Gwy o Raeadr Gwy i'r Gelli Gandryll a Thaith Taf o Aberhonddu i Gaerdydd i gyd ar dirwedd haws. Fodd bynnag, gall y pellter a'r dringo fod yn sylweddol, hyd yn oed yma, a'r unig adran cwbl wastad o'r llwybr cyfan yw'r adran gweddol fer rhwng Abermaw a Dolgellau.

Mewn gwrthgyferbyniad, mae yna heriau hyd yn oed yn fwy ar gael i'r sawl sy'n dymuno hynny, sef nifer o ddolenni neu lwybrau amgen. Y prif un o'r rhain yw rhwng Porthmadog a Machynlleth, lle mae'n bosibl i'r sawl sydd ar feiciau mynydd neu hybrid heb lwyth ddefnyddio dwy adran o Lwybr 82 trwy Goedwig Coed-y-Brenin ac o amgylch llethrau gorllewinol Cadair Idris. Wrth gwrs, nid oes rhaid dod â'r daith i ben yng Nghas-gwent gan fod Llwybr 4 yn parhau dros aber Afon Hafren ar ei ffordd i Loegr, neu fe allech droi tua'r gorllewin a dilyn y Lôn Geltaidd yr holl ffordd i Dyddewi yn Sir Benfro.

Ffeindio eich ffordd

Fel gyda llwybrau gorau Sustrans, mae Lôn Las Cymru yn defnyddio'r ffyrdd mwyaf tawel gyda'r golygfeydd gorau sydd ar gael, gan ddilyn cymysgedd o lwybrau beicio a luniwyd yn benodol, ffyrdd bach tawel ac adrannau di-draffig. Mae adrannau di-draffig yr hanner gogleddol i'w cael ar hyd Lôn Las Menai a Lôn Eifion ger Caernarfon, a Thaith Taf o Aberhonddu i Gaerdydd yw'r adran ddi-draffig fwyaf sylweddol yn yr hanner deheuol. Ceir ychydig o adrannau byr ar ffyrdd prysurach ond gwelir y rhain mewn trefi a'u cyffiniau, neu lle nad oes dewis oherwydd y dirwedd. Mae testun y llwybr yn dwyn sylw at adrannau oddi ar y ffordd ac adrannau bryniog mwy heriol, yn enwedig lle gall reidwyr gyda phaniers ei chael yn anodd iawn.

Mae sut fath o feic y dylid ei ddefnyddio yn dibynnu ar sut y bwriedir mynd i'r afael â'r llwybr. Gellir defnyddio mwy neu lai unrhyw fath o feic ar rannau haws y llwybr, yn enwedig os yn mynd am daith diwrnod, er y byddai'r rheiny ar feiciau ffordd yn gweld rhai o'r arwynebeddau tarmac hyd yn oed yn rhy arw. Pe byddech am gychwyn ar daith feicio lawn, y dewis amlwg yw beic teithio clasurol, er o ystyried y dirwedd, byddai beic hybrid neu feic mynydd trecio llawn cystal, er efallai y byddai'r cyfartaledd cyflymder yn is. Efallai mai'r ffactorau pwysicaf wrth ystyried llwybr heriol fel Lôn Las Cymru yw sicrhau eich bod yn ddigon cyfforddus ar y sedd a sicrhau bod gennych ddigon o amser.

Mae arwyddion clir ar hyd y llwybr cyfan, sef arwyddion glas ac arwyddbyst Llwybr Cenedlaethol 8 a 42. Mae'r rhain wedi'u lleoli'n ofalus i roi digon o rybudd ymlaen llaw i feicwyr ynglŷn â newid cyfeiriad, a buan iawn y dewch yn hen law ar sylwi arnynt. Mewn mannau, ceir sticeri llwybr llai i ategu'r arwyddion, yn aml wedi'u gosod ar byst, ar flaen neu gefn arwyddion ffordd eraill, ac ar waliau neu adeiladau. Mae'r rhain yn werthfawr dros ben wrth ddarganfod y llwybr trwy drefi a phentrefi, a gallant fod yn gysur ar adrannau mwy diarffordd neu mewn tywydd garw gan ddangos eich bod yn dal i fod ar y llwybr. Fodd bynnag, byddwch yn ymwybodol y gall arwyddion fynd ar goll neu bwyntio i'r cyfeiriad anghywir, a da o beth fyddai eu defnyddio ar y cyd â mapiau diweddaraf Sustrans.

Mae dau fap yn cwmpasu'r llwybr cyfan, ar raddfa 1:100,000. Maent yn cynnwys llawer o wybodaeth ddefnyddiol arall am y tirwedd ar y llwybr ei hun ac am yr ardal gyfagos, gan gynnwys cynlluniau trefi ar raddfa fawr. Mae Lôn Las Cymru'n cael ei gwella'n barhaus ac mae cynlluniau ar hyn o bryd i wella'r llwybr mewn nifer o leoedd. Felly dylid bob amser ddilyn yr arwyddion yn hytrach na'r map neu'r arweinlyfr.

Mae rhai rhannau o Lôn Las Cymru yn mynd trwy dirwedd ddiarffordd sy'n uchel ac yn agored. Ar ddiwrnod braf o haf, ychydig o sylw sy'n rhaid ei roi i hyn, ar wahân i gofio'r eli haul. Fodd bynnag, mae tywydd garw'n gallu taro bryniau Cymru yn sydyn ac nid yw'n anarferol ar Lwybr 8 i fod ag angen o leiaf ddwy awr o feicio i gyrraedd y dref neu'r pentref agosaf. Felly rhaid paratoi'n drylwyr, bod yn ffit ac yn hunanddibynnol. Gallai canlyniadau peidio â gallu cwblhau trwsiadau syml, cael eich dal heb oleuadau wedi iddi nosi neu heb ddillad digonol, fod yn ddifrifol.

Mae ceidwaid gwirfoddol Sustrans yn monitro'r llwybr cyfan, gan sicrhau ei fod yn cael ei gynnal a'i gadw a bod yno arwyddbyst. Pe byddech yn dod ar draws unrhyw anhawster o ran dod o hyd i'r llwybr, gallwch gysylltu â Sustrans Cymru, yr awdurdod lleol neu'r heddlu pe bai angen.

Y Rhwydwaith Beicio Cenedlaethol a Sustrans yng Nghymru

Sustrans, a sefydlwyd ym 1977, yw elusen trafnidiaeth gynaliadwy fwyaf blaengar y DU. Mae'n gweithio ar brosiectau ymarferol fel bod pobl yn gallu dewis teithio mewn ffyrdd sy'n fuddiol i'w hiechyd a'r amgylchedd. Mae'r elusen yn gyfrifol am lawer o brosiectau sy'n torri tir newydd, gan gynnwys y Rhwydwaith Beicio Cenedlaethol, ac mae'n gweithio gyda'r cyhoedd, awdurdodau lleol, cyflogwyr ac ysgolion. Ers ei ddechreuad ym 1995, mae'r rhwydwaith wedi tyfu i gynnwys dros 20,000km (12,600 milltir) o lwybrau. Mae traean o'r rhain yn llwybrau di-draffig a llawer o'r gweddill ar lonydd tawel. Cyfran fechan sydd ar ffyrdd prysur. Mae ymestyn y rhwydwaith yn parhau ar garlam er budd beicwyr a cherddwyr ac mae bellach yn ymestyn ledled y wlad, gan gysylltu mwyafrif y prif drefi a'r dinasoedd.

Mae tua 2000km (1200 milltir) o'r Rhwydwaith Beicio Cenedlaethol yng Nghymru, sef tua deg y cant o rwydwaith y DU. Mae tua thraean o'r rhwydwaith yn ddi-draffig, gyda'r gweddill ar ffyrdd tawel ac mae cynlluniau i ymestyn y rhwydwaith, yn enwedig yng Nghymoedd De Cymru, yn y blynyddoedd nesaf.

Mae Lôn Las Cymru yn un o'r pedwar prif lwybr pellter hir. Mae Llwybr Beicio Arfordir Gogledd Cymru (Llwybr 5) yn ymestyn o Gaergybi i Gaer, mae Lôn Cambria (Llwybr 81) yn croesi Canolbarth Cymru rhwng Aberystwyth a'r Amwythig, a gellir ei gyfuno â Lôn Teifi (Llwybr 82) mewn estyniad i'r de tuag at Abergwaun. Yn olaf, mae'r Lôn Geltaidd (Llwybr 4 a Llwybr 47) yn ymestyn ar draws lled De Cymru'n gyfan, o Dyddewi yn Sir Benfro i gysylltu â Llwybr 8 yng Nghas-gwent

◀ Porth i Lôn Eifion

ar y ffin â Lloegr. Yng nghyfres swyddogol arweinlyfrau Rhwydwaith Beicio Cymru a gyhoeddir gan Pocket Mountains ceir arweinlyfrau hawdd eu defnyddio ar gyfer y Lôn Geltaidd, Lôn Cambria a Lôn Teifi (ar gael o sustransshop.co.uk)

Yn ogystal, ceir nifer o lwybrau lleol a dolenni posib; yr hiraf o'r rhain yw Dolen Maesyfed yng Nghanolbarth Cymru. Mae manylion holl lwybrau Cymru a'r dolenni a'r llwybrau newydd sy'n cael eu datblygu ar wefan Sustrans (sustrans.org.uk).

Defnyddio'r arweinlyfr hwn

Lluniwyd yr arweinlyfr hwn llawn cymaint ar gyfer y sawl sydd am wibdaith undydd neu benwythnos a theuluoedd sydd am grwydro ar feic, â'r rheiny sy'n bwriadu dilyn Lôn Las Cymru o'i dechrau i'w diwedd. Mae'r llwybr wedi'i rannu'n 15 adran, gyda'r hiraf yn 48km/30 milltir o hyd, er bod adrannau'n amrywio'n sylweddol o ran cyfanswm eu dringo, eu tirwedd a mannau addas ar gyfer stopio.

Mae'r amseroedd a roddir ar ddechrau pob adran wedi eu seilio'n fras ar gyflymder o 15km yr awr ar gyfartaledd, gan ychwanegu amser lle bo'r dirwedd yn anwastad neu'n dringo. Canllaw yn unig yw'r rhain o ran yr amser sydd ei angen ar gyfer y beicio ei hunan ac nid ydynt yn ceisio ystyried amser gorffwys neu stopio. Gan fod natur rhai adrannau Lôn Las Cymru mor fryniog, mae'n bosib y bydd yn rhaid i hyd yn oed feicwyr profiadol, sydd fel rheol yn gallu cynnal y cyfartaledd cyflymder hwn dros nifer o ddiwrnodau olynol, ystyried amser ychwanegol yn enwedig os ceir tywydd garw. Fodd bynnag, os yw ffitrwydd a'r tywydd yn caniatáu, mae'n berffaith bosib cyfuno nifer o adrannau i un diwrnod.

Mae'r llyfr yn disgrifio llwybr Lôn Las Cymru o'r gogledd i'r de. Gall hyn olygu eich bod yn gorfod ymdopi â'r gwyntoedd mynychaf ond ceir y fantais o ddechrau gyda'r adrannau gweddol syml yn y gogledd cyn i chi gyrraedd y dringo sylweddol ar fryniau Canolbarth a De Cymru. I'r sawl sy'n gorffen y daith yng Nghaerdydd, mae hefyd yn rhoi rhedfa wych o dros 50km/32 milltir i lawr ar hyd yr adran olaf. O safbwynt mwy aesthetig, mae'n bosib bod mwy o apêl i Gaergybi fel man dechrau tra bydd Caerdydd neu Gas-gwent yn ddiwedd taith hanesyddol.

Dewiswyd mannau aros gan ystyried cyfuniad o dirwedd naturiol, y gallu i gyrraedd yno'n hawdd a mannau o ddiddordeb yn yr ardal leol, yn ogystal ag argaeledd llety a lleoedd i brynu cyflenwadau neu ymborth. Un o bleserau teithio ar feic yw eich bod yn gallu crwydro oddi ar lwybr yn weddol hawdd, ac yn sicr mae'n werth treulio amser yn fforio rhai o'r lleoedd sydd ychydig bellter o'r llwybr, p'un ai a ydynt yn atyniadau ymwelwyr gydag arwyddion iddynt, pentref cyfagos, neu lôn sy'n rhoi'r argraff y gallai arwain at rywle annisgwyl. Fe welwch fod y llyfr hwn yn rhoi sylw i rai o'r lleoedd mwyaf diddorol i ymweld â hwy ond nid yw'r rhestr hon yn cynnwys popeth.

Pryd i fynd a beth ddylech fynd gyda chi

Golyga natur heriol y llwybr y bydd yn rhaid i chi gynllunio ymlaen llaw a bod yn gall

Cyrraedd y llwybr

Mae cysylltiadau rheilffordd da i Lôn Las Cymru, gyda gorsafoedd prif linell yn cyd-fynd ag adrannau'r llwybr yng Nghaergybi, Bangor, Porthmadog, Machynlleth, Llanidloes (Caersws), Llanfair-Ym-Muallt (Builth Road), Merthyr Tudful, a Chaerdydd (ac yn y Fenni a Chas-gwent ar gyfer Llwybr 42). Mae yna hefyd nifer o orsafoedd eraill rhyngddynt, neu orsafoedd sydd ychydig oddi ar y llwybr. Bydd llawer o feicwyr yn defnyddio'r trên i ddechrau a gorffen eu taith ac mae Caergybi a Chaerdydd yn hawdd eu cyrraedd o rannau eraill o'r wlad. Ar ben hynny, ar rai adrannau penodol o Lôn Las Cymru mae'n bosib cyfuno defnyddio'r rheilffordd â darnau byr llinellol neu ddolenni ar hyd y llwybr.

Trenau Arriva Cymru yw'r prif ddarparwr trenau yng Nghymru. Mae mwyafrif y trenau'n cludo beiciau ond nid oes llawer o le (dau feic ar unrhyw drên fel arfer) felly fe'ch cynghorir i wirio ac archebu lle ymlaen llaw. Ceir hefyd rai cyfyngiadau ar feiciau ar adegau brig.

Virgin Trains (08719 774 222 /virgintrains.co.uk) sy'n rhedeg Intercity Trains ar gyfer Caergybi a First Great Western (firstgreatwestern.co.uk) ar gyfer Caerdydd. I gael cymorth ar-lein gyda chynllunio teithiau rheilffordd, cysylltwch â National Rail Enquiries (08457 484950/ nationalrail.co.uk) neu, ar gyfer cymorth un arbenigwr, gwefan The Man in Seat 61 (seat61.com).

I gael gwybodaeth am gludo beiciau ar y bws, cysylltwch â Traveline Cymru (0871 200 22 33/ traveline-cymru.org.uk). Mae Bws Beiciau'r Bannau yn rhedeg rhwng Aberhonddu a Chaerdydd ar ddyddiau Sul a Gwyliau Banc o ddiwedd mis Mai hyd fis Medi (visitbreconbeacons.com).

ynglŷn â faint y byddwch yn ei wneud ar y tro. Os ydych am gwblhau'r llwybr cyfan yn hunangynhaliol, yna diwedd y gwanwyn a'r haf yw'r adeg ddelfrydol gan na fydd yn rhaid i chi boeni am faint o olau dydd fydd ar gael. Bydd angen rhwng pump a saith niwrnod, gan gynnwys amser teithio, os ydych yn feicwr ffit ac yn gwybod y gallwch ymdopi ag uchafbwyntiau ac iselbwyntiau taith hir. Os yw taith wythnos gyda phaniers gorlawn yn eich digalonni, efallai y byddai cwblhau'r llwybr mewn dwy neu dair rhan yn syniad call. Dewiswch wely a brecwast yn hytrach na chario offer gwersylla a gallai fod yn fuddiol teithio ar y cyd â reidiwr mwy profiadol neu gyda chlwb. Dewis arall fyddai cynllunio eich taith mewn cyfres o reidiau cylchol, neu led-gylchol, dros ddiwrnodau neu benwythnosau. Gall dechrau'r hydref hefyd fod yn amser gwych i grwydro ar feic ac fel arfer mae meysydd gwersylla, hostelau a gwestai yn dal i fod ar agor, ond bydd angen i chi fynd â chyfarpar priodol, gan gynnwys goleuadau. Dylid nodi bod y llwybr yn anoddach o lawer erbyn diwedd yr hydref neu dros y gaeaf, a gall y tywydd ar fryniau Cymru fod yn ddigon garw hyd yn oed yng nghanol yr haf.

Bydd arnoch angen cyfarpar addas yn eich paniers neu'ch bagiau ar gyfer teithio'n hunanddibynnol. Mae cyfarpar tywydd gwlyb yn hanfodol bob adeg o'r flwyddyn, felly hefyd menig, siaced weladwy lachar a sbectol haul (ac mae lensys clir/melyn y gellir eu cyfnewid yn ddefnyddiol hefyd). Dylech bob amser fod â phwmp, tiwb mewnol sbâr a phecyn trwsio teiar er mwyn gwneud unrhyw fân drwsiadau wrth ochr y llwybr. Nid oes siopau beiciau yn agos at rannau sylweddol o Lôn Las Cymru ac mae cymorth yn aml yn bell i ffwrdd o'r llwybr.

Yn olaf, er bod y llinfapiau yn yr arweinlyfr hwn yn ddigon ar gyfer rhoi amcan o'r llwybr, mae'n fuddiol iawn buddsoddi yn y ddau fap Sustrans a gynhyrchwyd at y diben, sef Lôn Las Cymru – Gogledd a De (ar gael o sustransshop.co.uk). Nid yn unig y mae'r rhain yn amlygu'r llwybr, maent hefyd yn dangos cryn dipyn o'r ardal gyfagos. Maent hefyd yn cynnwys manylion am arwyneb y llwybr, cyfanswm pellteroedd yn cynyddu fesul milltir, rhannau mwy serth, gorsafoedd trên, mannau o ddiddordeb a lleoedd lle gall y llwybr fod yn anoddach ei ddilyn.

Lle i aros

Ym mhob adran, fe welwch wybodaeth gryno am y lletu sydd ar gael ar ddiwedd cymal perthnasol y llwybr. Nid yw'r rhestr hon yn cynnwys popeth: mae'n dwyn sylw at opsiynau rhatach, megis meysydd gwersylla a hostelau gan roi sylw arbennig i ddewisiadau sy'n anarferol, yn ddiddorol ac sy'n addas ar gyfer beicwyr. I gael rhestr lawn o leoedd i aros sy'n tanysgrifio i gynllun Croeso i Feicwyr a oruchwylir gan Croeso Cymru, ewch i cycling.visitwales.com.

Beicio gyda phlant

Mae beicio'n gyfle delfrydol i'r teulu cyfan fynd allan a mwynhau cefn gwlad, awyr iach ac ymarfer corff. Mae sawl adran o Lôn Las Cymru yn addas ar gyfer teithiau byrrach i deuluoedd. Fodd bynnag, dim ond plant hŷn, sy'n ddigon cymwys a phrofiadol i feicio'n annibynnol, fyddai'n mwynhau rhai o'r darnau mwy bryniog ac ni fyddai'n ddiogel i blant iau.

Os ydych yn newydd i feicio gyda phlant, synnwyr cyffredin yw'r unig beth sydd ei angen i sicrhau eich bod yn mwynhau eich gwibdaith yn ddiogel.

• Mae'n hawdd goramcangyfrif stamina plentyn – rhaid cofio bod hyd yn oed bryniau bach yn gallu gorflino plentyn ac mae cadw cyfnodau ar y beic yn weddol fyr yn syniad da.

• Cynlluniwch y reid yn realistig – mae adrannau di-draffig sydd â digonedd o bethau diddorol neu fannau i stopio yn ddelfrydol.

• Mae llwybrau allan ac yn ôl yn gweithio'n dda, gan eich bod eisoes yn adnabod y tir ar gyfer dychwelyd a bydd troi'n ôl yn gynharach yn benderfyniad haws.

• Ewch â menig ychwanegol a dillad sbâr eraill os oes unrhyw siawns o dywydd garw.

• Gwnewch yn siŵr fod gan blant helmed a dillad gweladwy llachar a'u bod yn gwybod 'rheolau'r ffordd fawr'.

• Gwnewch yn siŵr fod beic eich plentyn yn addas i'r ffordd fawr a'i fod y maint cywir, yn enwedig os ydych yn llogi beic. Dylai seddau beic neu drelars fod wedi'u cysylltu'n unol â'r cyfarwyddiadau, yn addas ar gyfer oedran y plentyn sy'n cael ei gludo neu ei dynnu a dylai'r oedolyn sy'n beicio fod yn ymwybodol o sut gall y rhain effeithio ar drin beic.

Gogledd: Caergybi i Lanidloes

Mae Lôn Las Cymru – Gogledd yn gwau ei siwrnai amrywiol o Ynys Môn, dros y Fenai ac i lawr arfordir Gogledd Cymru rhwng y môr a mynyddoedd Eryri, heibio siambrau claddu Neolithig a muriau trawiadol cestyll, ar hyd lonydd tawel ac incleins cyn reilffyrdd, cyn troi am galon bryniau Canolbarth Cymru.

Mae adran agoriadol Llwybr 8 yn croesi Ynys Cybi a thirwedd esmwyth Ynys Môn gyda'i morfeydd heli a chefn gwlad tonnog, sy'n gyflwyniad gwych i'r sawl sydd am deithio'r holl ffordd i'r de. Mae'r ynys hefyd yn cynnig nifer o lwybrau beicio lleol, gydag arwyddion; mae pob un yn werth ei fforio ac yn ddelfrydol ar gyfer teithiau diwrnod i'r teulu. Neu efallai y gellir eich temtio i oedi cyn dechrau eich taith o Gaergybi i ymweld â chlogwyni trawiadol a goleudy Ynys Lawd.

Byddwch yn croesi'r Fenai dros bont grog enwog Thomas Telford ac o amgylch cyrion gorllewinol Bangor, gwyriad gwerth chweil ar gyfer llety neu i weld golygfeydd. Mae hefyd yn addas dros ben fel canolfan ar gyfer reidio am y diwrnod ar Ynys Môn neu lwybrau mwy anturus ar hyd arfordir Gogledd Cymru ar Lwybr 5 ac i fryniau Eryri.

Mae troi i gyfeiriad y de ger Afon Menai ar hyd Lôn Las Menai i dref a chastell Caernarfon yn rhoi peth o'r beicio di-draffig mwyaf cyfeillgar a geir ar y llwybr cyfan ac mae'n wych ar gyfer teuluoedd. Y tu hwnt i Gaernarfon, byddwch yn ymuno â Lôn Eifion sy'n arwain at dir mwy bryniog ar gyrion Pen Llŷn, y penrhyn sy'n ffurfio braich ogleddol Bae Ceredigion.

Yma, cewch ddewis o lwybrau i Borthmadog: llwybr tarw ar hyd llethrau gorllewinol bryniau Moel Hebog, trwy Garndolbenmaen, neu'r prif lwybr hirach trwy bentref prydferth Llanystumdwy ac ymlaen at dref glan môr Cricieth, gyda'i chastell adfeiliog uwchlaw'r traeth. Oddi yma, mae dolen fer i fyny i'r bryniau yn eich

Gogledd: Caergybi i Lanidloes

arwain yn ôl i lawr at yr arfordir yn hen borthladd Porthmadog.

Oddi yma, bydd Llwybr 8 yn dechrau dangos ei hun yn ei holl ogoniant wrth droi am odre'r Rhinogydd uwchben Bae Ceredigion a thref hanesyddol Harlech – gallwch droi oddi ar y llwybr yn hawdd i ymweld â'r dref, cyn cyrraedd tref glan môr Abermaw. Mae Llwybr Mawddach, sy'n addas ar gyfer teuluoedd, yn eich arwain dros Bont Abermaw ac i fyny aber Afon Mawddach i dref brydferth Dolgellau. Mae'r arfordir bellach y tu ôl i chi ac mae Llwybr 8 yn dringo'n serth o amgylch llethrau dwyreiniol Cadair Idris cyn disgyn yr un mor serth trwy ddyffryn coediog uwchben Corris i gyrraedd Machynlleth.

Fel dewis amgen i Lwybr 8 rhwng Porthmadog a Machynlleth, neu fel dwy daith gylchol undydd ychwanegol, gall reidwyr beiciau mynydd, neu, gyda gofal, reidwyr beiciau hybrid, ddewis dwy ddolen sy'n creu Llwybr 82. Mae'r llwybr anodd hwn yn arwain i gyfeiriad y dwyrain i fyny'r bryniau heibio Llyn Trawsfynydd a thrwy Goedwig Coed-y-Brenin. O Ddolgellau, mae Llwybr 82 yn dringo o amgylch llethrau gorllewinol Cadair Idris ac yn disgyn i lawr at yr arfordir yn Nhywyn, cyn troi i'r mewndir ar hyd Cwm Maethlon ac ailymuno â Llwybr 8 ym Machynlleth.

Oddi yma, byddwch yn dringo unwaith yn rhagor am gryn gyfnod, y tro hwn o amgylch Pumlumon a thros bwynt uchaf y llwybr ar 509m, cyn cyrraedd adran ddiarffordd i fynd trwy Goedwig Hafren, lle arweinia Afon Hafren chi i lawr i dref farchnad Llanidloes. Yma, gallwch droi tua'r gogledd ar hyd Llwybr 81 i'r cyswllt rheilffordd yng Nghaersws.

Caergybi i Borthaethwy (Bangor)

Pellter 48km/30 milltir **Tirwedd** Tonnog ar y cyfan, ar hyd lonydd tawel gyda golygfeydd da ac ambell gyfnod byr o ddringo serth. Addas ar gyfer teuluoedd a phlant
Amser 3-4 awr **Dringo** 320m

Mae'r daith yn dechrau o dref a phorthladd prysur Caergybi ac yn fuan mae'n mynd trwy gefn gwlad arfordirol isel. Daw tirwedd fwy bryniog y tir mawr i'r golwg yn raddol wrth i chi ddynesu at Fangor. Nid yw Ynys Môn yn wastad ond mae'n hanner diwrnod o feicio hamddenol yn ei hunan neu'n fodd i'ch paratoi ar gyfer y daith yr holl ffordd i'r de.

Am ganrifoedd, Caergybi fu man cychwyn neu ben taith teithwyr i'r pen gogledd-orllewinol hwn o Gymru, neu oddi yno. Mewn cyfnodau modern efallai mai codi ffordd fawr Thomas Telford, yr A5, ar ddechrau'r bedwaredd ganrif ar bymtheg, a dyfodiad y rheilffordd o'r tir mawr rai degawdau'n ddiweddarach sydd wedi cael yr effaith fwyaf ar hanes a ffawd y dref. Mae gwedd y dref ei hunan yn adlewyrchu ei hanes diweddar yn gryf. Mae ei henw, Caergybi, yn cofio ei tharddiad posibl fel caer Rufeinig a'i noddwr, Sant Cybi. Tybir y safai ei gell ar safle presennol eglwys y dref, sy'n dyddio'n ôl i'r drydedd ganrif ar ddeg. Gyda llaw, mae'r enw Saesneg yn deillio o'i lleoliad ar Ynys Cybi, yn hytrach nag ar Ynys Môn ei hunan. Ailadeiladwyd porthladd Caergybi yn sylweddol ar ddiwedd y bedwaredd ganrif ar bymtheg ac mae wedi cael bywyd cymysg, bob amser yn cystadlu â dau borthladd arall, sef Abergwaun yn y de a Lerpwl yn y gogledd. Fodd bynnag, mae'r gwasanaeth fferi teithwyr i Iwerddon yn parhau.

Mae Llwybr 8 yn dechrau yng ngorsaf drenau Caergybi ger terfynfa'r fferi ac mae'n troi ymaith oddi wrth adeiladau'r derfynfa at y gylchfan gyferbyn â thafarn yr Edinburgh Castle, lle gwelwch yr arwyddion glas am Lwybr 8 a Llwybr 5. Trowch i'r chwith i fyny Ffordd Llanfawr, lle bydd yn rhaid i chi ddod

CAERGYBI I BORTHAETHWY (BANGOR)

◀ Y bont i Orsaf Reilffordd Caergybi

o hyd i'ch geriau'n sydyn os ydych ar feic teithio llwythog. Byddwch yn dringo am gyfnod byr ac yna'n mynd i lawr at adran ddi-draffig gyntaf y llwybr gerllaw Traeth Penrhos, gyda simnai ac adeiladau gwaith Alwminiwm Môn, sydd bellach yn segur, draw ar y dde. Wedi hyn byddwch yn mynd i mewn i dir coediog ym Mharc Arfordirol Penrhos am 1.2km cyn croesi Bae Beddmanarch ar hyd y sarn sy'n cysylltu Ynys Cybi â gweddill Ynys Môn, ac ymlaen i bentref y Fali.

Yma, trowch i'r dde ac ar draws yr A5, dros y rheilffordd a'r A55 brysur ac i gylchfan lle bydd troi i'r dde yn sydyn yn eich arwain at ffyrdd bach. I ddechrau, byddwch yn teithio wrth ochr yr A55 gyda golygfeydd da o fryniau Eryri, cyn nadreddu eich ffordd dros dirwedd o forfeydd heli lle mae'n debyg y gwelwch awyrennau jet o RAF y Fali gerllaw yn hedfan yn isel wrth i chi fynd heibio ar eich ffordd i fyny trwy bentref Llanfihangel yn Nhywyn.

Ychydig y tu hwnt i'r pentref, i lawr y bryn ger y troad, edrychwch am y tro i'r dde sy'n arwain ar hyd lôn donnog am 4.5km, rhwng caeau ac yn gyfochrog unwaith eto â'r A55, cyn mynd dros groesffordd â'r A4080. Unwaith y byddwch wedi mynd trwy bentrefan Dothan, mae'r llwybr yn fwy gwastad ac yn fuan byddwch yn mynd trwy allfrigiadau creigiog o amgylch anheddiad Soar. Yma mae Taith Beicio Giach, sef taith gylchol 29km/18 milltir, yn croesi Llwybr 8. Wedi i chi fynd 1km heibio i Soar, cadwch lygad am droad i'r chwith sy'n eich arwain yn y pen draw at bentref Bethel, lle ceir siop bentref gyfleus.

Mae'r llwybr ymlaen yn troi i'r chwith am ychydig, ar hyd y B4422, ac yna i'r dde ac yn parhau ar hyd ffordd fach ddymunol i lawr at Afon Cefni a'i hargloddiau, gan fynd heibio gwyriad i Eglwys Sant Beuno yn Nhrefdraeth. Mae'n werth ymweld â'r eglwys i weld enghraifft o eglwys ganoloesol hwyr sydd wedi osgoi ailadeiladu helaeth yn ystod Oes Fictoria. Gyda bryniau Eryri erbyn hyn ychydig yn nes, trowch i'r chwith ar hyd yr adran ffordd wastad hon o ffordd trwy forfa heli sy'n cael ei rhannu â Lôn Las Cefni. Dyma lwybr sy'n syth ac yn wastad ar y cyfan ac yn ddelfrydol ar gyfer teuluoedd. Gan ddechrau yn Niwbwrch, mae'n teithio 21km/13 milltir trwy diroedd gwlyb Cors Malltraeth ochr yn ochr ag Afon Cefni i Langefni cyn codi at ddyfroedd Llyn Cefni. Ar ôl 1.5km, mae Lôn Las Cefni yn troi oddi ar yr adran hon, ac mae Llwybr 8 yn parhau dros yr afon ac yn dringo rhiw fach serth i bentref Llangaffo.

Mae Llwybr 8 nawr yn mynd dros y B4421 ac i lawr rhiw unwaith eto. Edrychwch dros y pant i weld troad i'r chwith ar hyd lôn sy'n

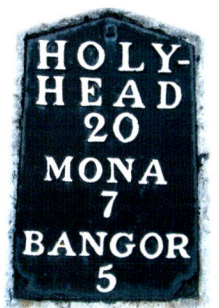

93

LÔN LAS CYMRU: GOGLEDD

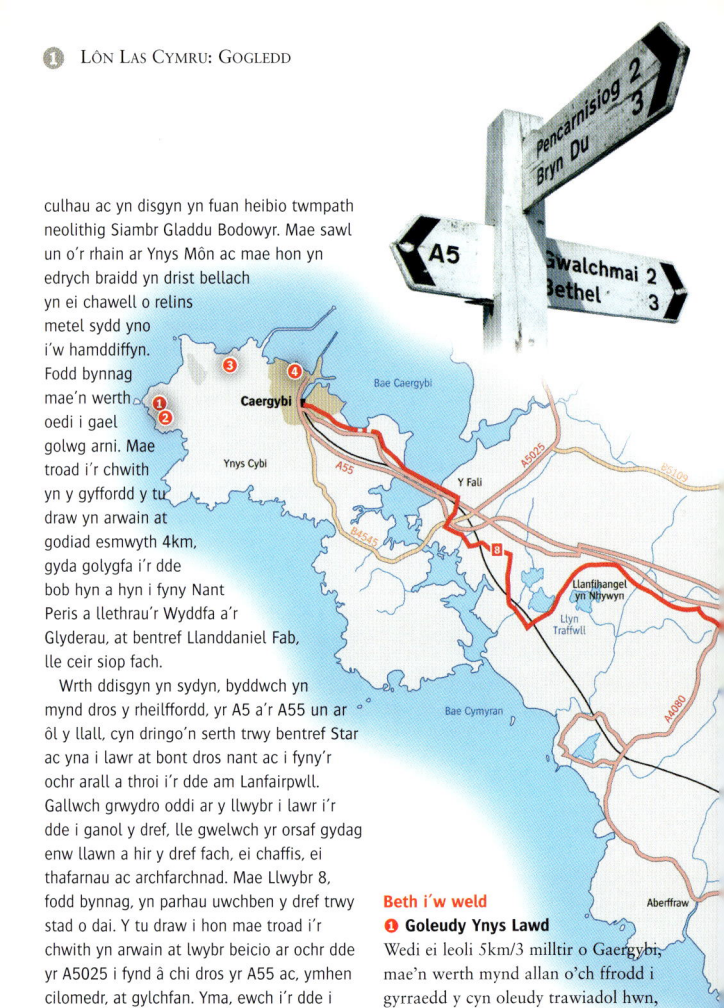

culhau ac yn disgyn yn fuan heibio twmpath neolithig Siambr Gladdu Bodowyr. Mae sawl un o'r rhain ar Ynys Môn ac mae hon yn edrych braidd yn drist bellach yn ei chawell o relins metel sydd yno i'w hamddiffyn. Fodd bynnag mae'n werth oedi i gael golwg arni. Mae troad i'r chwith yn y gyffordd y tu draw yn arwain at godiad esmwyth 4km, gyda golygfa i'r dde bob hyn a hyn i fyny Nant Peris a llethrau'r Wyddfa a'r Glyderau, at bentref Llanddaniel Fab, lle ceir siop fach.

Wrth ddisgyn yn sydyn, byddwch yn mynd dros y rheilffordd, yr A5 a'r A55 un ar ôl y llall, cyn dringo'n serth trwy bentref Star ac yna i lawr at bont dros nant ac i fyny'r ochr arall a throi i'r dde am Lanfairpwll. Gallwch grwydro oddi ar y llwybr i lawr i'r dde i ganol y dref, lle gwelwch yr orsaf gydag enw llawn a hir y dref fach, ei chaffis, ei thafarnau ac archfarchnad. Mae Llwybr 8, fodd bynnag, yn parhau uwchben y dref trwy stad o dai. Y tu draw i hon mae troad i'r chwith yn arwain at lwybr beicio ar ochr dde yr A5025 i fynd â chi dros yr A55 ac, ymhen cilomedr, at gylchfan. Yma, ewch i'r dde i lawr y rhiw wrth ochr y B5420 ar gyrion tref Porthaethwy a throi i'r dde ar adran ddi-

Beth i'w weld

❶ Goleudy Ynys Lawd

Wedi ei leoli 5km/3 milltir o Gaergybi, mae'n werth mynd allan o'ch ffrodd i gyrraedd y cyn oleudy trawiadol hwn, a gyrhaeddir drwy fynd i lawr 400 o risiau. *trinityhouse.co.uk*

CAERGYBI I BORTHAETHWY (BANGOR)

❷ Clogwyni Ynyd Lawd Lle bendigedig i wylio miloedd o adar môr bridio o ganolfan ymwelwyr Twr Ellins. Ceir yma hefyd lwybrau natur ac ystafell de. *rspb.org.uk*

❸ Parc Gwledig Morglawdd Caergybi Mae llwybrau cerdded a theithiau sain ar gael ar hyd yr arfordir ac i fyny Mynydd Caergybi. *visitanglesey.co.uk*

❹ Amgueddfa Forol Gorsaf bad achub hynaf Cymru gyda chasgliad o arddangosion sy'n adrodd hanes morol y dref. *holyheadmaritimemuseum.co.uk*

❺ Siambr Gladdu Bodowyr Mae'r Llwybr pasio o fewn golwg i'r beddfaen neolithig hon ar dir fferm ger Llangaffo. *cadw.wales.gov.uk*

❻ Tŷ Gwledig Plas Newydd yn amgylchedd prydferth Afon Menai. Mae'r addurn mewnol o'r 1930au yn enwog am ei arddangosfa Rex Whistler, amgueddfa filwrol a gardd wanwyn hyfryd. *nationaltrust.org.uk*

❼ Eglwys Gadeiriol Bangor O ran maint nid yw gyda'r mwyaf trawiadol, ond fe'i sefydlwyd yn y chweched ganrif gan Deiniol Sant sy'n golygu mai hi yw'r esgobaeth â hanes di-dor hynaf ym Mhrydain. *churchinwales.org.uk*

❽ Castell Penrhyn Yn y castell neo-Normanaidd hwn o'r bedwaredd ganrif ar bymtheg mae gwely llechen sy'n pwyso tunnell a wnaed ar gyfer y Frenhines Victoria, cerfiadau coeth, gwaith plastr a dodrefn ffug-Normanaidd, casgliad mawr o baentiadau, ceginau wedi eu hadfer, amgueddfa ddiwydiannol a rheilffordd model, ac amgueddfa doliau. *nationaltrust.org.uk*

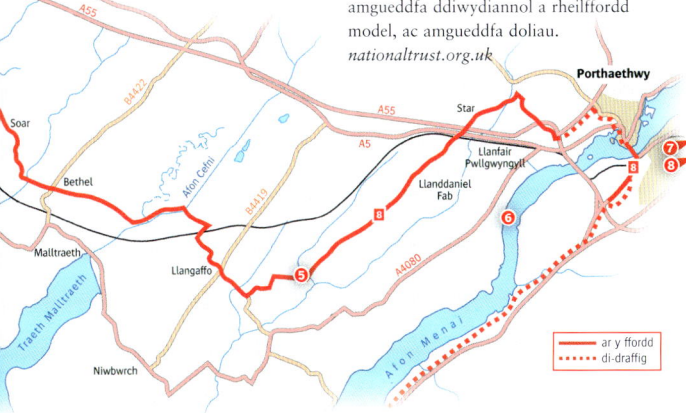

Wrth Afon Menai ▶

draffig fer y tu ôl i'r clwb criced at yr A5. Yma bydd troi i'r chwith heibio Canolfan Thomas Telford (gydag archfarchnad gyfleus gyferbyn) yn arwain at ei bont enwog a godwyd yn 1826, sef y bont grog haearn gyntaf o'i bath. Mae'n werth cydnabod hefyd gyfraniad y peiriannydd, William Alexander Provis, nad yw'n cael y sylw dyledus yn aml. Mae'n werth oedi hefyd hanner ffordd ar draws y bont i edrych ar yr olygfa, o leiaf i'r sawl sy'n gallu dioddef uchder gan fod y dŵr 100 troedfedd islaw pan fo'r llanw'n uchel. Mae Llwybr 8 yn troi i'r dde ar y gylchfan ar yr ochr draw, gan fynd heibio tafarn yr Antelope. Os ydych am fynd i Fangor, yna trowch i'r chwith am 2km i fyny'r A5 am orsaf y dref brifysgol, ei siopau, ei chaffis a'i golygfeydd.

Lle i aros

Mae gan **Anglesey Outdoors** (*angleseyoutdoors.com*), 2km i'r de o Gaergybi oddi ar y B4545, wely a brecwast, byncws a maes gwersylla. Ym Mangor, mae gan lety gwely a brecwast yr **Old Drovers** ar Ffordd Treborth gyfleusterau sychu a storio ac mae **Maes Carafanau Fferm Neuadd Treborth** ar gyrion de orllewinol y dref yn croesawu pebyll ac mae mewn lleoliad hwylus ar gyfer yr A487.

Atgyweiriadau a mân ddarnau

Mae popeth a fyddai ei angen ar feiciwr ar gael yn siop gyfeillgar **Revolution Bikes** ar y Stryd Fawr yng nghanol Bangor.

i Gellir dod o hyd i **ganolfannau croeso** yn y gorsafoedd trên yng Nghaergybi a Llanfairpwll, ac yn Neuadd y Dref ar Ffordd Deiniol ym Mangor.

Porthaethwy (Bangor) i Gaernarfon

Pellter 13km/8.5 milltir **Tirwedd** Unwaith y byddwch wedi gadael traffig Bangor y tu ôl i chi, mae'r llwybr yn wastad a di-draffig ar y cyfan ac yn dilyn Lôn Las Menai hyfryd i Gaernarfon **Amser** 1 awr **Dringo** 70m

Unwaith y byddwch wedi dianc rhag ffyrdd prysur ardal Bangor, mae'r cymal hwn yn cynnig beicio hawdd mewn golygfeydd gwych ar hyd Lôn Las Menai o'r Felinheli i Gaernarfon, sy'n adran ddelfrydol ar gyfer teuluoedd.

Er bod Llwybr 8 yn osgoi canol Bangor i'r gorllewin, mae'r ddinas fechan hon, gyda'i chysylltiadau ffyrdd a rheilffyrdd, yn ddewis amgen i Gaergybi fel man cychwyn taith feicio ar hyd Lôn Las Cymru, yn enwedig i'r sawl sydd am gwblhau'r llwybr cyfan (gan gynnwys teithio i'w ddechrau ac o'i ddiwedd) mewn wythnos o wyliau. Mae Bangor hefyd yn ganolfan dda ar gyfer teithiau diwrnod.

Mae Llwybr Cenedlaethol 5 yn mynd heibio, wedi iddo ddilyn llwybr mwy gogleddol dros Ynys Môn, a gellid ei ddefnyddio ar y cyd â'r llinell reilffordd sy'n mynd tua'r dwyrain ar hyd arfordir Gogledd Cymru i Gaer. O fewn cyrraedd hawdd i Ynys Môn mae pedwar llwybr cylchol gydag arwyddion, ynghyd ag adran gyntaf Llwybr 8. Mae hefyd nifer o lwybrau beicio lleol i'w cael yng nghyffiniau Bangor a'r rhan ogleddol hon o Eryri, gan gynnwys Lôn Las Ogwen (Llwybr 82), sy'n dringo i'r bwlch uchel rhwng bryniau'r Glyderau a'r Carneddau yn ogystal â digonedd o gyfleoedd ar gyfer beicio mynydd oddi ar y ffordd.

I gyrraedd Llwybr 8 o ganol dinas Bangor, ewch i fyny heibio'r orsaf drên i ben Ffordd Caergybi a throi i'r chwith ar Lwybr 5, sy'n ymuno â Llwybr 8 ar ôl 2.5km, ar ben Ffordd Penrhos ger yr ysbyty. Neu gallwch fynd i lawr yr A5 brysur at y gylchfan gyda'r A487

◀ Pont Grog y Borth

② LÔN LAS CYMRU: GOGLEDD

lle daw Llwybr 8 dros Bont Grog y Borth.

O Borthaethwy i gyfeiriad y de, mae Llwybr 8 yn ymlwybro o amgylch cyrion gorllewinol Bangor gan geisio osgoi'r gwaethaf o ffyrdd prysur y ddinas. Bydd angen i chi gadw llygad barcud am yr arwyddion glas. Ar y cychwyn, mae Llwybr 8 yn defnyddio llwybr beicio ar y palmant o amgylch y gylchfan ger Pont Grog y Borth i allanfa'r A487 ar hyd Ffordd Treborth, i fyny heibio tafarn yr Antelope a thros y rheilffordd, cyn ailymuno â'r A487 i fyny at gyffordd Parc Menai/A55, lle mae'r llwybr yn ailymuno â llwybr/troed beicio dros y cylchfannau i ben Allt y Faenol. Ewch i lawr y rhiw, yn gyfochrog â'r A487 a'i thraffig cyflym, lle mae llwybr beicio ar balmant yn arwain i lawr wrth ochr y traffig cyflym at gylchfan fawr. Dilynwch yr arwyddion o amgylch y gylchfan i'r gwrthwyneb i'r cloc a mynd allan ger y B4547, gyda waliau ystad Stad y Faenol ar y dde, cyn troi'n sydyn i'r chwith (am Lanberis) ac yna'n syth i'r dde (am Siloh) a mynd ymlaen am ychydig hyd nes cyrraedd dechrau llwybr beicio lleol Lôn Las Menai i Gaernarfon.

Gan adael traffig y ddinas y tu ôl i chi, gallwch bellach anadlu'n haws wrth i Lôn Las Menai ganiatáu beicio tawelach, sydd bron yn ddelfrydol. Gan fynd trwy ardal coediog i ddechrau, buan y daw'r llwybr beicio at gyrion pentref y Felinheli lle mae'n fforchio i'r dde i fynd â chi i lawr heibio tafarn yr Halfway House, dros y ffordd sy'n arwain trwy'r pentref ac i lawr i iardiau cychod Marina Dinorwig.

Arferai hwn fod yn borthladd prysur yn

Beth i'w weld

❶ Parc Coedwig Gelli Gyffwrdd Bydd y plant yn mwynhau'r parc antur i'r teulu hwn gyda reidiau ac atyniadau amgylcheddol gyfeillgar, megis ei Lwybr Troednoeth, llwybrau cerdded rhwydi a sleidiau tiwb, cert sglefrio wedi'i bweru gan bobl a gobennydd neidio enfawr. *greenwoodforestpark.co.uk*

❷ Castell Caernarfon Un o'r enghreifftiau mwyaf mawreddog a thrawiadol o adeiladu cestyll yn y canol oesoedd ym Mhrydain. Bu'n enwog, neu'n ddrwg-enwog, ers pan y'i sefydlwyd gyntaf gan Edward I yn y drydedd ganrif ar ddeg, ac roedd yn dal yn ddadleuol 700 mlynedd yn ddiweddarach fel y lleoliad ar gyfer arwisgo EUB Tywysog Charles fel Tywysog Cymru ym 1969. *cadw.wales.gov.uk*

◂ Cerflun David Lloyd George, Caernarfon

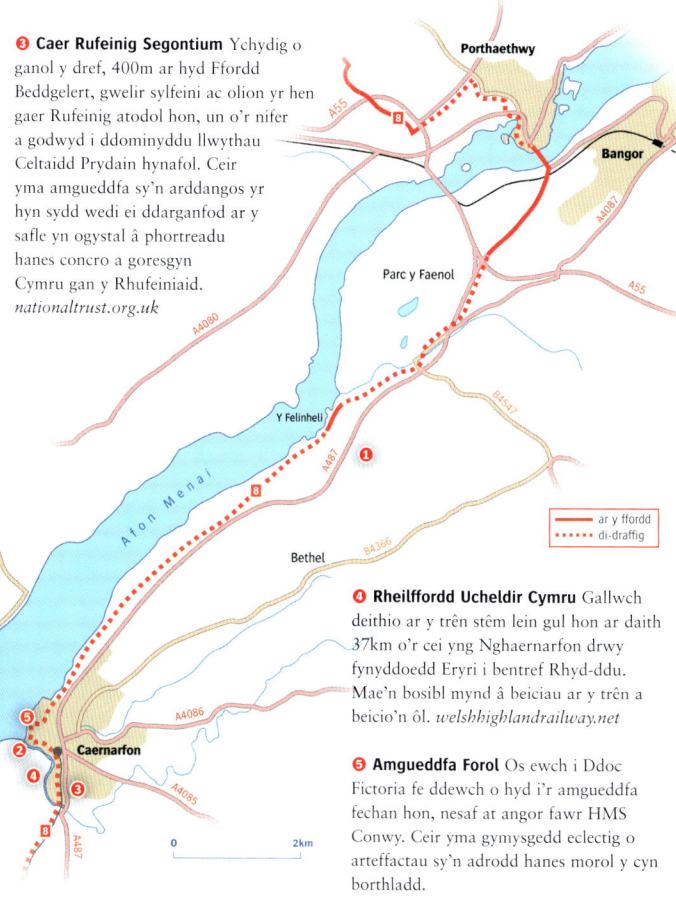

PORTHAETHWY (BANGOR) I GAERNARFON

❸ Caer Rufeinig Segontium Ychydig o ganol y dref, 400m ar hyd Ffordd Beddgelert, gwelir sylfeini ac olion yr hen gaer Rufeinig atodol hon, un o'r nifer a godwyd i ddominyddu llwythau Celtaidd Prydain hynafol. Ceir yma amgueddfa sy'n arddangos yr hyn sydd wedi ei ddarganfod ar y safle yn ogystal â phortreadu hanes concro a goresgyn Cymru gan y Rhufeiniaid. *nationaltrust.org.uk*

— ar y ffordd
···· di-draffig

❹ Rheilffordd Ucheldir Cymru Gallwch deithio ar y trên stêm lein gul hon ar daith 37km o'r cei yng Nghaernarfon drwy fynyddoedd Eryri i bentref Rhyd-ddu. Mae'n bosibl mynd â beiciau ar y trên a beicio'n ôl. *welshhighlandrailway.net*

❺ Amgueddfa Forol Os ewch i Ddoc Fictoria fe ddewch o hyd i'r amgueddfa fechan hon, nesaf at angor fawr HMS Conwy. Ceir yma gymysgedd eclectig o arteffactau sy'n adrodd hanes morol y cyn borthladd.

cysylltu â Chwarel Lechi Dinorwig i fyny yn y bryniau i'r de-ddwyrain ger pentref Llanberis. Am 150 o flynyddoedd, hyd nes i'r chwarel gau ym 1969 cludwyd llechi i lawr, ar dramffordd i ddechrau ac yna ar reilffordd gul, i'w llwytho ar y cychod a fyddai yno'n aros. Bellach, cychod hwylio a chychod pleser sy'n llenwi'r dociau.

Yna mae'r llwybr yn mynd islaw pentref y Felinheli, gan fynd rhwng tai ac ar hyd Ffordd y Traeth, lle, ar ddiwrnod braf, mae'n amhosibl peidio ag aros am ennyd i wylio'r cychod yn hwylio ar y Fenai. Wedi ychydig o ddringo, byddwch yn ôl ar y llwybr beicio ac yn barod am feicio hawdd di-draffig ar hyd glan y Fenai, gan ddilyn hen lein rheilffordd. Ar hyd y rheilffordd hon y teithiodd Trên Brenhinol Prydain ym mis Gorffennaf 1969, yn cludo'r sawl oedd yn mynychu arwisgiad Tywysog Cymru. Mae'r seremoni yn dal i gael ei chysylltu â phrotestiadau a bygythiadau Mudiad Amddiffyn Cymru a arweiniodd at farwolaeth dau ddyn sydd wedi eu galw'n Ferthyron Abergele, pan ffrwydrodd eu bom cyn pryd. Ymhen 6.5km daw'r llwybr beicio â chi i gyrion Caernarfon. Yma, ewch drwy faes

▼ Castell Caernarfon

PORTHAETHWY (BANGOR) I GAERNARFON

parcio, heibio Doc Fictoria gyda'i galeri a'i sinema, cyn dilyn muriau'r dref at y castell enwog a'r maes, sydd ar gyfer cerddwyr yn unig, ar y chwith. Yn dibynnu ar eich safbwynt gwleidyddol neu hanesyddol, mae Castell Caernarfon naill ai'n enghraifft ryfeddol o adeiladu cestyll y drydedd ganrif ar ddeg, neu, yn ôl myfyrdodau Thomas Pennant yn y ddeunawfed ganrif, yn 'fathodyn caethiwed godidog'. Bellach, mae haneswyr yn ei ystyried fel y castell pwysicaf o chwe chastell Edward I yng Nghymru, ac mae'n denu byseidiau o dwristiaid.

Lle i aros

Mae gan **Plas Menai** (*plasmenai.co.uk*), y Ganolfan Chwaraeon Dŵr Genedlaethol, ystafelloedd gwely gydag ystafelloedd ymolchi ar gael i rai nad ydynt yn breswylwyr. **Mae Hostel Annibynnol Totters** (*totters.co.uk*) wedi ei lleoli ar y Stryd Fawr ger y castell yng Nghaernarfon. Mae ganddi hefyd estyniad **Over The Road**, sy'n darparu ar gyfer grwpiau mwy. Mae **Parc Carafanau a Gwersylla Cwm Cadnant** (*cwmcadnantvalley.co.uk*) ar gyrion dwyreiniol Caernarfon.

Atgyweiriadau a mân ddarnau

Mae **Beics Menai**, er yn fychan yn barod eu cymorth, wedi ei lleoli ar yr hen Gei Llechi, y tu ôl i hen adeiladau'r Harbwr. Gellir llogi beiciau, beiciau tag-a-long a threlars yma.

i Mae **canolfan groeso** wedi ei lleoli yng nghanol Caernarfon ar Stryd y Castell.

Caernarfon i Borthmadog

Pellter **46.5km/29 milltir** Tirwedd Ceir beicio hawdd ar Lôn Eifion ddi-draffig i Fryncir; yna adran anoddach i Borthmadog, ar ffyrdd bach tonnog yn bennaf, gan ddringo'n serth allan o Gricieth Amser **4 awr** Dringo **480m**

Yn dilyn adran hawdd i ddechrau ar hyd Lôn Eifion, buan iawn y bydd Llwybr 8 yn rhoi blas o'r hyn sydd i ddod wrth iddo gyrraedd y bryniau niferus tua'r arfordir.

Mae'r llwybr allan o Gaernarfon yn syml ac yn arwain i lawr heibio'r castell a'r Cei Llechi (pe bai angen, mae Beics Menai yma, yn fach ond yn gyfeillgar, y tu ôl i hen Swyddfeydd yr Harbwr, a dyma'r siop feiciau o bwys olaf tan Ddolgellau). Ar ôl 500m, cadwch lygad ar y chwith am ddechrau Lôn Eifion ddi-draffig, y bydd Llwybr 8 yn ei dilyn am yr 20km nesaf. I ddechrau, mae Rheilffordd Ucheldir Cymru a'i choed o boptu yn gwmni i chi wrth i'r llwybr beiciau ddilyn inclein fach, gan fynd heibio gorsafoedd Bontnewydd a Dinas, cyn croesi'r A499 ym mhentref Llanwnda.

Oddi yma gallwch wibio ar hyd llwybr beicio llydan a deiliog hen reilffordd Caernarfon i Afonwen, yn gyfochrog â'r A487, heibio pentref y Groeslon (tafarn a siop fach). Ychydig ymhellach ymlaen bydd y caffi yng Ngwaith Llechi Inigo Jones yn eich temptio i aros. Gallwch hefyd weld crefftwyr yn torri, siapio ac yn llathru slabiau o lechi amrwd yn gynnyrch ymarferol megis grisiau, arwynebau gwaith cegin a nifer o eitemau crefft. Gyda golygfeydd da i'r chwith at Grib Nantlle ar y gorwel, mae'r hen reilffordd bellach yn dechrau disgyn yn raddol heibio Penygroes (gallwch fynd dros yr A487 i'r archfarchnad fach, y popty, siopau cludfwyd a thafarnau), cyn troi i ffwrdd o'r briffordd am ennyd ar eu hynt donnog i bentref Bryncir (garej a thafarn) a diwedd Lôn Eifion.

Hanner ffordd rhwng Penygroes a Bryncir, gallwch ddewis ffordd fer â golygfeydd yr un mor hardd i Borthmadog ar lwybr tonnog trwy bentref gweddol fawr Garndolbenmaen, a chroesi Afon Dwyfor wrth geg Cwm Pennant.

Hyd yma, mae Llwybr 8 wedi rhoi taith weddol hawdd ond nawr mae'n dechrau rhoi blas o'r tirwedd fryniog, mwy heriol sydd o'ch blaen. O Fryncir, cadwch lygad barcud am arwyddion glas wrth i'r llwybr newid i ffyrdd gwledig cul a disgyn ar unwaith i bant, lle bydd angen i chi weithio'ch geriau'n sydyn ar gyfer y rhiw fer serth i fyny drwy fuarth fferm Llecheiddior, a hefyd cadw golwg am y gwartheg (mae'r ffermwr cyfeillgar yn bwriadu sefydlu maes gwersylla).

Ychydig heibio i'r fferm, trowch i'r chwith i lawr y rhiw am 1.3km cyn troi i'r dde i gyfeiriad Chwilog. Mae'r ffordd yn wastad ar y cyfan ac yn disgyn yn raddol i lawr y dyffryn am 5km, cyn troi i'r chwith i lawr i gwm coediog Afon Dwyfach a'i lethrau serth, ac ymlaen i Lanystumdwy – wrth i chi droi i'r chwith i lawr tua'r pentref, byddwch yn mynd heibio maes gwersylla cyfeillgar a thaclus Llanystumdwy, sydd wedi ei gofrestru â'r Caravan Club. Mae'r pentref yn dathlu ei gysylltiad â'r Prif Weinidog David Lloyd George gydag amgueddfa i'w gofio, ychydig ymhellach ymlaen y tu hwnt i'r bont dros Afon Dwyfor, lle mae Llwybr 8 yn troi i'r chwith ar hyd lôn donnog am 2km at dai cyntaf Cricieth. Yma, bydd tro i'r dde yn mynd â chi i lawr y rhiw ac ar draws yr A497 i siopau, caffis a gorsaf y dref fechan hon. Ym mhen draw teras o westai glan môr mae ei chastell, sydd bellach yn adfail.

Wrth adael Cricieth ar Lwybr 8, rhaid dringo'n gyson am 2km i fyny'r B4411. Ar ben y rhiw, ychydig y tu hwnt i faes gwersylla Llwyn Bugeilydd, ewch ar lôn gul i'r dde am 3km dros fryncyn, gyda golygfeydd o'ch blaen at Foel Hebog a llethrau deheuol Crib Nantlle, ac i lawr at groesffordd sydyn gyda'r A487 gyflym. Ymhellach draw, mae'r llwybr yn parhau i ddisgyn cyn troi'n ôl tua'r de-ddwyrain – yma, mae'r llwybr tarw drwy Garndolbenmaen yn ymuno o'r chwith – ar adran donnog heibio safle Melin Wlân Bryncir. Yn union wedi i chi ddechrau disgyn yn serth, cadwch lygad am dro i'r chwith heibio i dŷ cerrig sy'n mynd â chi at ddechrau llwybr beicio di-draffig 3km (arwydd Tremadog). Gan gychwyn ar darmac, byddwch yn fuan ar dir mwy garw, sef llwybr ceffyl ar draws pen cae, i lawr trwy goetir a heibio'r ysbyty ar yr A487, lle gallwch droi i'r chwith am Dremadog, ac yna mynd ymlaen am ychydig dros 1km i Borthmadog. Yma,

❸ LÔN LAS CYMRU: GOGLEDD

wedi i chi groesi'r rheilffordd, mae Llwybr 8 yn troi i'r chwith ar hyd Rhes Cambrian ac yn dod allan ger pen gorllewinol y Cob enwog, gan osgoi canol y dref lle ceir archfarchnad fawr, mannau bwyta a llety.

Beth i'w weld

❶ Gwaith Llechi ac Amgueddfa Inigo Jones Gallwch weld platiau enw a phlaciau yn cael eu gweithio a'u hysgythru. Mae caffi croesawgar yma sy'n gweini lluniaeth a phrydau ysgafn. *inigojones.co.uk*

❷ Amgueddfa Lloyd George Dysgwch am fywyd a hanes David Lloyd George. Mae'r arddangosfeydd a'r arteffactau yn olrhain bywyd y gwladweinydd enwog, ac wedi ei lleoli ym mhentref ei blentyndod. *gwynedd.gov.uk*

❸ Castell Cricieth Mae'r castell adfeiliedig hwn yn hyfryd. Yn wreiddiol roedd yn gadarnle i'r Cymry, fe'i amddiffynnwyd gan Edward I cyn cael ei chwalu gan Owain Glyndŵr – ond mae ei leoliad yn edrych dros fae Ceredigion yn dal i gynnig golygfeydd godidog. *cadw.wales.gov.uk*

❹ Rheilffordd Ffestiniog Gallwch deithio ar un o reilffyrdd cul mwyaf prydferth Cymru am 21km o'r arfordir ym Mhorthmadog drwy Fro Ffestiniog i'r hen gloddfeydd llechi ym Mlaenau Ffestiniog. *festrail.co.uk*

Lle i aros

Ceir meysydd gwersylla yn **Llanystumdwy** (*campingandcaravanningclub.co.uk*) ac, ychydig i'r gogledd o Gricieth, yn **Llwyn-Bugeilydd** ar ochr y B4411. Ychydig oddi ar y llwybr yn Nhremadog mae **Snowdon Backpackers** ar Stryd yr Eglwys. Er mwyn gwersylla y tu hwnt i Borthmadog gallech fynd ymlaen i **Barc Carafanau a Gwersylla Barcdy** (*barcdy.co.uk*) ger Llandecwyn.

Atgyweiriadau a mân ddarnau

Yn Nhalysarn, Penygroes, mae gan **Cyclewales** weithdy sydd ar agor yn ystod dyddiau'r wythnos.

Ceir **canolfan groeso** ar y Stryd Fawr ym Mhorthmadog. Mae gwybodaeth i'w chael hefyd yn y swyddfa bost yng Nghricieth.

Porthmadog i Abermaw

Pellter **34.5km/21.5 milltir** Tirwedd **Ar ôl croesi aberoedd Afon Glaslyn ac Afon Dwyryd ar ffyrdd a lonydd sy'n dawel ar y cyfan, byddwch yn mynd i'r bryniau, gydag ambell riw serth iawn cyn mwynhau taith fwy gwastad i Abermaw** Amser **4-5 awr** Dringo **620m**

Ceir adran syml trwy Benrhyndeudraeth i ddechrau, ond ar ôl Llandecwyn rhaid bod yn barod am daith egniol i fyny ac i lawr godre'r Rhinogydd, gyda golygfeydd gwych dros Fae Ceredigion uwchben Harlech a Llanbedr, cyn gorffen â'r daith gyflym olaf ar hyd y briffordd i dref glan môr Abermaw.

Crëwyd Porthmadog o forfeydd aber Afon Glaslyn 200 mlynedd yn ôl a bydd yn dathlu dwy ganrif ei bodolaeth yn 2011. Fel Tremadog gerllaw, syniad ei chreawdwr eponymaidd, William Madocks ydoedd. Ei weledigaeth oedd creu tref yn seiliedig ar fasnachu llechi o Flaenau Ffestiniog cyfagos a hefyd ei leoliad fel arosfan olaf llwybr y goets fawr o Lundain i Iwerddon. Yn wir, nid dyma'r unig anheddiad cynlluniedig yn yr ardal; saif Portmeirion, sef pentref Eidalaidd ffantasi Clough Williams-Ellis o'r ugeinfed ganrif ger aber Afon Dwyryd i'r de-ddwyrain o'r dref.

Gan deithio i gyfeiriad y dwyrain o Borthmadog, mae Llwybr 8 yn ymuno â llwybr beicio Lôn Ardudwy i Abermaw. Ychydig y tu hwnt i ben pellaf y Cob, a adeiladwyd i greu harbwr newydd, wrth i'r A487 ddechrau dringo, cadwch lygad am droad i'r chwith ar ffordd donnog gul sy'n mynd heibio chwarel i'r gogledd o bentref Minffordd, gan groesi'r rheilffordd sawl gwaith cyn troi'n igam ogam wrth fynd i lawr i Benrhyndeudraeth (archfarchnad fach, caffi, tafarn).

I barhau ar hyd Llwybr 8, ewch i lawr

heibio'r orsaf ac ar ffordd breifat (codir toll bach) yn ymyl y rheilffordd ar draws fflatiau llaid Afon Dwyryd i gyrraedd Llandecwyn. Yma gellir mynd ar gwyriad byr 600m i lawr yr A496 i gyfeiriad Harlech a maes gwersylla Barcdy.

Unwaith y byddwch wedi croesi'r A496, cewch ar ychydig amser i sylweddoli pam fod Llwybr 8 wedi'i ddosbarthu'n Llwybr Heriol. Mae'n dweud 1 mewn 5 / 20% ar yr arwydd ar ochr y ffordd ond os rhywbeth, mae'n rhybuddio'n gynnil am rai o'r troadau ac mae tair rhiw serth i'w dringo, gydag ychydig o ddisgyn rhyngddynt, er mwyn mynd trwy bentrefan Bryn Bwbach a chyrraedd pentref Eisingrug.

Yma, mae'r hwyl dringo go iawn yn dechrau. O Eisingrug i ben y rhiw, rhaid dringo 220m mewn 2.5km – sy'n dreth drom ar y pen-gliniau. Unwaith y byddwch wedi mynd drwy'r adran gyntaf goediog hyfryd, gallwch weld y ffordd fynydd yn dringo'r llechwedd agored y tu draw, lle, os ydych yn llwythog, gall y darn olaf i'r brig ofyn am wthio ychydig. Ond mae yna wobr, ar wahân i gyrraedd yno, sef golygfeydd tra thrawiadol i'r chwith, at haenau creigiau llathraidd y Rhinogydd, ac i'r dde dros Fae Tremadog. O'r brig, byddwch yn pedlo'n ddigon donnog heibio i fynedfa Fferm Merthyr, a'i maes gwersylla, cyn disgyn i lawr rhiw serth iawn am 3km i lawr at lefel y môr unwaith eto, yn Llanfair a ffordd yr A496 ar hyd yr arfordir. (Os ydych am fynd i Harlech i weld y castell, y caffis a'r golygfeydd allan dros y traethau hyd Benrhyn Llŷn, gallwch droi i'r dde o'r ffordd hon, naill ai i fynd i lawr rhiw serth iawn am 500m neu o Lanfair ei hunan.)

Ar ôl 1km, yn union cyn Gorsaf Pensarn, mae'r llwybr yn mynd i'r chwith i ffwrdd oddi wrth yr A496 ar gyfer dwy ddolen i'r bryniau i'r dwyrain o ffordd yr arfordir. Mae'r ddolen gyntaf yn dilyn lôn goediog a thonnog am 2km o gwmpas pentref Llanbedr (siop a thafarn). Mae'r ail ddolen yn mynd i'r chwith ar ôl croesi Afon Artro ac yn fuan byddwch yn igam-ogamu i fyny rhiw serth i ddringo 130m trwy goetir am 1.5km. Yn union wedi i chi ddechrau disgyn, byddwch yn ofalus gan fod y llwybr yn troi i'r dde ar hyd trac muriog heibio i fferm, cyn disgyn trwy rostir agored i lawr at ffordd yr arfordir eto a phentref sylweddol Dyffryn Ardudwy. Bellach mae'r gwaith dringo mwyaf yn yr adran hon wedi ei wneud ac mae'n lle da i gael seibiant neu i brynu cyflenwadau yn y siop fach neu'r archfarchnad.

Oddi yma, wrth i'r bryniau agosáu at yr arfordir, nid oes dewis i Lwybr 8 ond dilyn yr A496, ar adegau ar lwybr beicio ar y palmant. Bydd y daith 9km hawdd, er yn swnllyd, i Abermaw yn saib i'w groesawu ar ôl gwaith caled rhan gyntaf yr adran hon, gan roi cyfle i chi feicio ymlaen a mwynhau'r golygfeydd o'r môr. Os ydych yn chwilio am rywle i aros, mae digonedd o feysydd gwersylla ar hyd yr adran hon o'r A496. Ar gyfer y 2.5km olaf i Abermaw ei hunan, gallwch ddisgyn i lawr i'r dde, dros y rheilffordd, a dilyn rhan ddi-draffig ar hyd y traeth i mewn i ganol y dref. Yma, nid oes prinder tai gwesty a mannau i fwyta neu gallwch fwynhau'r olygfa dros y foryd.

◂ Y traeth yn Llandanwg

Lle i aros

Ar y bryniau uwchlaw Harlech mae **Fferm Merthyr**, maes gwersylla sydd yng ngofal teulu wedi ei leoli ar fferm weithiol. Ychydig i'r de o Lanfair oddi ar yr A496, mae maes gwersylla bychan ar gyfer teuluoedd ym **Mharc Fferm y Plant** (*childrensfarmpark.co.uk*). Gellir cyrraedd **maes gwersylla Ynys Mochras** ger Llanbedr ar hyd sarn lanwol, sy'n ei wneud yn lle cyffrous, er yn boblogaidd, i aros (*shellisland.co.uk*). Mae gan **Dŷ Gwesty Frondeg** yn Llanfair wely a brecwast cyfeillgar i feicwyr. Mae nifer o safleoedd carafanau a gwersylla ar y ffordd i mewn i Abermaw. **Parc Carafanau a Gwersylla Hendre Mynach** (*hendremynach.co.uk*) yw'r agosaf i'r dref. Ar gyfer gwely a brecwast yn Abermaw, ymhlith y dewisiadau cyfeillgar i feicwyr mae Wavecrest (*barmouthbandb.com*) a **Thŷ Gwesty Endeavour** (*endeavour-guest-house.co.uk*) ar Rodfa'r Môr, ac **Aber House** ar y Stryd Fawr.

Atgyweiriadau a mân ddarnau

Gellir llogi beiciau yn Birmingham Garage ar Stryd yr Eglwys yn Abermaw.

Mae **canolfannau croeso** i'w cael ar y Stryd Fawr yn Harlech ac ar Ffordd yr Orsaf yn Abermaw.

Beth i'w weld

❶ **Portmeirion** Pentref Eidalaidd ffantasi a adeiladwyd gan y pensaer Clough Williams-Ellis rhwng 1926 a 1972. Bydd llawer o bobl yn ymweld â'r pentref oherwydd ei gysylltiad â'r gyfres deledu cwlt 'The Prisoner'. *portmeirion-village.com*

❷ **Castell Harlech** Un arall o gestyll consentrig Edward I sy'n sefyll ar allfrigiad creigiog gan roi golygfa gampus ar hyd yr arfordir. *cadw.wales.gov.uk*

❸ **Ogofau Llechi Llanfair** Gallwch gerdded drwy dwneli a siambrau'r hen gloddfa lechi hon. *llanfairslatecaverns.co.uk*

❹ **Ynys Mochras** Gellir cyrraedd hon ar hyd sarn lanwol o Lanbedr. Mae milltiroedd o draethau a thwyni, sy'n boblogaidd gyda theithwyr undydd, pysgotwyr, gwylwyr adar, morwyr dingi a chanwyr. *shellisland.co.uk*

❺ **Rheilffordd Y Friog ac Abermaw** Lein fach gul gyda threnau stêm replica hanner maint sy'n rhedeg ar hyd glan aber Afon Mawddach. *fairbournerailway.com*

❻ **Canolfan Bywyd Gwyllt Penmaen-pŵl** Mae hon wedi ei lleoli ar lan deheuol aber Afon Mawddach. Mae man gwylio wedi ei leoli yn y bocs signal rheilffordd wrth y bont dollborth bren. *rspb.org.uk*

❼ **Abaty Cymer** Mae adfeilion yr eglwys abaty syml hon, a sefydlwyd yn y ddeuddegfed ganrif gan urdd y Sistersiaid, i'w gweld o hyd heddiw. *cadw.wales.gov.uk*

PORTHMADOG I ABERMAW

Abermaw i Ddolgellau

Pellter **16km/10 milltir** Tirwedd **Tirwedd gwastad, yn ddi-draffig bron yr holl ffordd. Yn ddelfrydol ar gyfer teuluoedd a phlant** Amser **1 awr** Dringo **20m**

Nid oes beicio haws na mwy pleserus na hyn. Mae'r adran yma'n haeddu ei mwynhau gan mai dyma'r unig adran hollol wastad ar Lwybr 8 – ac yn ffodus, mae digonedd i'w weld ar y daith weddol fer i Ddolgellau.

Os oes gennych amser, ac os yw'r tywydd yn braf, mae adloniant glan y môr traddodiadol i'w fwynhau yn Abermaw. Mae yna ddigonedd o lety ac mae arogl candiflos a physgod a sglodion bellach yn gymysg ag arogl bistros a chaffis yn edrych draw ar y cychod hwylio ac angorfeydd, sy'n awgrymu rhywbeth mwy egsotig o lawer yn heulwen cynnes yr haf. Er nad yw'n union fel y Cote d'Azur, gallech yn hawdd dreulio diwrnod diog yma os ydych am wneud y llwybr cyfan.

Mae adran Abermaw i Ddolgellau yn nodi dechrau newid yn nhirwedd Llwybr 8. Hyd yma, mae'r llwybr wedi cysgodi arfordir gogledd orllewinol Cymru ond mae bellach yn troi i'r tir mawr tuag at fryniau Cadair Idris a Phumlumon yng Nghanolbarth Cymru. Fodd bynnag, cyn symud ymlaen at y tir serth y tu draw i Ddolgellau, mae aber Afon Mawddach yn cynnig adran fer ond hyfryd o feicio hawdd. Mae Llwybr Mawddach, y mae Llwybr 8 yn ei ddilyn, yn boblogaidd gyda beicwyr a cherddwyr ac er y gellid ychwanegu'r adran hon yn hawdd ar ddiwedd dydd, mae'r un mor bleserus i gymryd eich amser, gan baratoi at yr hun sydd o'ch blaen.

Ar ddiwedd y promenâd yn Abermaw, mae

Edrych dros Aber Afon Mawddach ▶

◀ Abermaw

Llwybr 8 yn pasio o dan y rheilffordd ac, wedi dilyn yr A496 am 400m, heibio i glogwyni, mae'n disgyn i lawr at ddechrau'r llwybr di-draffig yr holl ffordd i Ddolgellau. Mae'n croesi aber Afon Mawddach gyda'r rheilffordd fodern dros Bont Abermaw, a rhaid talu toll fach. Mae croesi yma ar estyll pren anwastad wrth ochr y traciau yn brofiad trawiadol, ac yn ddigon brawychus i'r sawl sy'n hoffi tir sych, waeth beth yw'r tywydd. Mae'r bont ei hun bron yn 150 oed ac fe'i hagorwyd ym 1867, ond bu problemau o'r cychwyn cyntaf, nid yn unig o ran yr adeiladu yng ngherrynt cyflym llanw'r foryd ond hefyd o ran gwaith cynnal a chadw. Mae'r pren hefyd wedi denu mwydod taradr môr, ac ar adegau mae eu tyllu wedi gwanhau'r strwythur a bu'n rhaid gwneud gwaith atgyweirio helaeth er mwyn cadw'r trenau i redeg.

Ar yr ochr draw, ger Gorsaf Morfa Mawddach, mae Llwybr 8 yn ymuno â Llwybr Mawddach ac yn troi tua'r tir mawr ar hyd yr hyn a oedd gynt yn llinell Rheilffordd y Great Western i Rhiwabon. Fe'i hagorwyd ym 1865 ac roedd yn boblogaidd gyda phobl Oes Fictoria oedd ar eu gwyliau yn Abermaw. Bellach, mae'r llwybr beicio yn dilyn llwybr a luniwyd allan o lwch cywasgedig am 8km ar wely traciau uchel yr hen reilffordd trwy goetir a thros forfa heli a fflatiau llaid, cyn glynu at ymyl yr aber. Mae'n werth hamddena wrth deithio i fyny aber Afon Mawddach – dyna wnaeth William Wordsworth gan ei galw'n *'sublime estuary'*. Roedd John Ruskin o'r farn nad oedd *'no better walk than from Barmouth through to Dolgellau other than from Dolgellau to Barmouth'*. Mae nifer o feinciau cyfleus i

Canolfan Ymwelwyr Coed-y-Brenin ▶

gael seibiant neu bicnic, er bod llawer yn dewis stopio yng Nghanolfan Wybodaeth yr RSPB neu Westy George III ger y dollbont ym Mhenmaen-pŵl.

Oddi yma, mae'r llwybr beicio di-draffig yn troi i ffwrdd oddi wrth yr aber am 2km cyn croesi dros yr A493 ac yna mynd rhwng Afon Wnion a'r A470 at rwystr. Yma, ar gyrion Dolgellau, mae Llwybr 82 yn ymuno o'r chwith wrth i Lwybr 8 groesi'r afon ac yna troi i'r chwith wrth ochr meysydd chwaraeon i mewn i ganol y dref.

Lle i aros

Ymhlith y llety gwely a brecwast cyfeillgar i feiciau sydd ar gael yn Nolgellau mae **Y Meirionnydd** yn Sgwâr Smithfield (themeirionnydd.com) ac **Ivy House** yn Sgwâr Finsbury (ivyhouse-dolgellau.co.uk). Opsiynau ar gyfer gwersylla yw **Parc Carafanau a Gwersylla Tan y Fron** ar Ffordd Aran ar gyrion dwyreiniol Dolgellau neu **Barc Carafanau Vanner** nesaf at Abaty Cymer. Mae'r dewisiadau i rai sydd ar gyllideb dynn yn cynnwys Byncws **Hyb Bunkhouse** ar Stryd y Bont yn Nolgellau neu 1.5km i'r dwyrain o'r dref yn **Torrent Bunk Barn** yn Dolgun Uchaf, oddi ar yr A470. Mae hostel **YHA Kings** 8km i'r gorllewin ar hyd Llwybr 82.

Atgyweiriadau a mân ddarnau

Mae siop fawr **Dolgellau Cycles** wedi ei lleoli mewn man hwylus yng nghanol y dref ar Stryd Smithfield.

i Mae'r **ganolfan groeso** yn Nolgellau wedi ei lleol yn Sgwâr Eldon.

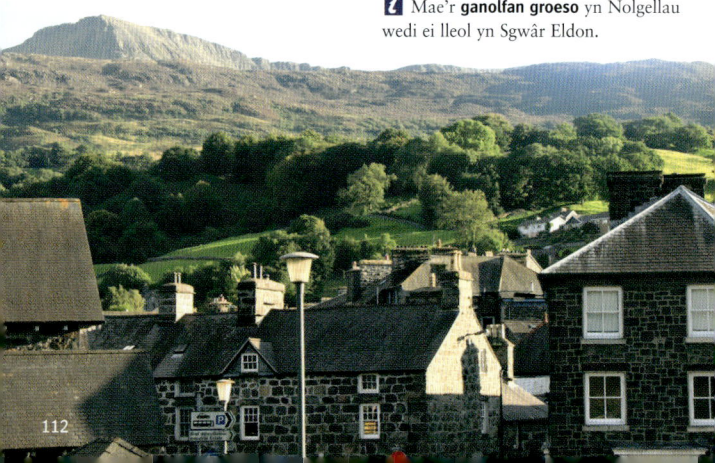

Abermaw i Ddolgellau

Dewis caletach . . .

Os ydych yn chwilio am lwybr hyd yn oed mwy heriol, gallech ystyried mynd ar ddolen Llwybr 82, sy'n cadw i'r chwith ychydig cyn Penrhyndeudraeth ac yn ail-ymuno â Llwybr 8 yn Nolgellau. Mae'r dewis arall hwn i Lwybr 8 yn troi i mewn i'r tir mawr yn hytrach na dilyn yr arfordir, ac yn dringo drwy odre'r Moelwyn cyn croesi Bro Ffestiniog ym Maentwrog. Oddi yma mae'n mynd ar ffordd fynydd serth i Gellilydan ac yna'n nadreddu i fyny ar draciau o amgylch ymyl gogleddol Llyn Trawsfynydd a'r orsaf bŵer. Heibio i bentref Trawsfynydd, mae'r llwybr yn dringo unwaith yn rhagor ar ffordd fynydd agored i uchder o 325m, i lawr ar draws pant Afon Gain ac i Goedwig Coed-y-Brenin. Yma mae Llwybr 82 yn mynd ar draciau coedwig, lle mae angen llywio gofalus ac mae'r adrannau'n serth a garw, gan eu gwneud yn anaddas i feiciau teithio llwythog. Mae'n rhaid aros am egwyl yng Nghanolfan Ymwelwyr Coed-y-Brenin (sydd hefyd yn hafan ar gyfer beicwyr mynydd) cyn dechrau ar y daith i lawr i Ddolgellau ar hyd glannau rhannau uchaf Afon Mawddach.

◀ Dolgellau

Dolgellau i Fachynlleth

Pellter 23.5km/14.5 milltir Tirwedd Mae'r llwybr nawr yn mynd i'r bryniau, gyda swm sylweddol o ddringo, ac yn mynd trwy rostir diarffordd Amser 3-4 awr Dringo 620m

Rhan galed a serth, ond llawn cyffro, o amgylch llethrau Cadair Idris gyda dringfa hir i uchder o 400m cyn disgyn yn serth i lawr drwy Gorris a dyffryn coediog Afon Dulas i Fachynlleth.

Mae Dolgellau yn dref fechan hyfryd ag iddi gryn dipyn o hanes – roedd tair ffordd Rufeinig yn rhedeg trwyddi, cynhaliodd Owain Glyndŵr ei senedd olaf yn y dref ym 1404, roedd aber Afon Mawddach yn gyfleus ar gyfer allforio gwlân yn y ddeunawfed ganrif ac, am gyfnod byr yn y bedwaredd ganrif ar ddeg, bu twymyn y rhuthr am aur yn ymledu trwy'r bryniau tua'r gogledd. Mae crefydd wedi gadael ei ôl hefyd. Yn ôl yn y drydedd ganrif ar ddeg, sefydlodd y Sistersiaid abaty yng Nghymer a 400 mlynedd yn ddiweddarach daeth Crynwriaeth i'r dref, gyda rhai o'i thrigolion yn ffoi ym 1686 i Bensylfania a sefydlu Coleg Bryn Mawr, y brifysgol yno. Bellach mae'r dref wedi'i ymsefydlu fel canolfan ar gyfer cerdded a beicio, yn enwedig beicio mynydd, wedi'i lleoli fel y mae rhwng cadwyni bryniau Cadair Idris i'r de a mynyddoedd y Rhinogydd i'r gogledd. Hefyd i'r gogledd mae Coedwig Coed-y-Brenin sy'n cynnig amrywiaeth o lwybrau beicio mynydd yn y coed o amgylch rhan uchaf Afon Mawddach a gellir cyrraedd yno ar hyd Llwybr 82.

Mae amrywiaeth dda o siopau bychain, banciau a mannau bwyta yn Nolgellau, yn ogystal â'r Dolgellau Cycles defnyddiol ar Stryd Smithfield, ar Lwybr 8 wrth iddo fynd trwy ganol y dref cyn troi i'r chwith a theithio tua'r dwyrain allan o'r dref. Gwyliwch am y tro i'r dde i fyny heibio'r ysbyty, lle mae'r

DOLGELLAU I FACHYNLLETH

graddiant yn mynd yn fwy serth yn fuan iawn. Mae'n syniad da i'w chymryd hi gan bwyll gan mai dyma fan cychwyn dringfa hir 7km o amgylch llethrau Cadair Idris.

Mae 2km cyntaf y ddringfa yn ddibaid o serth, ond mae'r golygfeydd i'r chwith yn tynnu rhywfaint ar y sylw, fel y gwna'r beicwyr mynydd sy'n gwibio heibio i chi i lawr yn ôl i Ddolgellau. Ychydig ymhellach na man uchaf y ddringfa gyntaf hon, gwyliwch am droad i'r dde, yn union wedi mynd heibio bwthyn carreg, sy'n eich arwain am y 3km nesaf ar hyd llwybr tarmac cul sy'n codi ac yn disgyn wrth iddo droelio o amgylch ochrau'r bryn hyd at adeiladau fferm Hafod y Meirch. Nawr mae'r llwybr yn gwyro'n sydyn i'r dde ar hyd llwybr culach fyth, ac oddi yma gallwch weld llethrau a chreigiau uchaf Cadair Idris ei hun, ac yna'n disgyn i lawr i'r chwith ger ysgubor garreg i groesi nant o fewn ychydig i'r A487 brysur.

Mae rhan nesaf y llwybr unwaith eto'n serth, er bod y ffordd i fyny'r llwybr rhostir o'ch blaen bellach wedi'i gorchuddio â tharmac. Mae Llwybr 8 yn igam-ogamu gerllaw'r A487 brysur am ddim mwy na 150m ac yna'n fuan mae'n ei gadael ar ôl wrth ddringo dros y rhostir, gyda defaid yn aml yn pori'n ddidaro ar ganol y ffordd. Bydd rhaid i chi wasgu'ch dannedd yn dynn yma, oherwydd byddwch chi'n gofyn i goesau sydd eisoes wedi cael eu defnyddio'n helaeth i ddringo 180m arall mewn 1.6km, yn ogystal â chwymp serth ar y chwith i ganolbwyntio'r

meddwl ymhellach. Fodd bynnag, unwaith y byddwch ar y brig fe gewch olygfeydd bendigedig i'r gogledd a, hyd yn oed mewn tywydd gwael, fe gewch y boddhad o fod wedi cyrraedd un o rannau mwyaf anghysbell y llwybr, os nad y rhan uchaf yn hollol.

Mae'r disgyniad yn dilyn yn fuan ac yn serth am y 4km nesa. Os oes gennych lwyth trwm mae'n gofyn am bron gymaint o benderfyniad a'r ffordd i fyny, wrth i chi ruthro i mewn i ddyffryn coediog serth Afon Dulas – gwyliwch am y gatiau ffordd ar y rhan uchaf – heibio i hen domenni llechi, lle mae'r graddiant yn lleihau, i groesffordd. Nawr, mae troad i'r dde yn dilyn ffordd sy'n bonciau ac yn bantiau trwy anheddiad Aberllefenni ac ymlaen i bentref Corris, gyda'i dafarn croesawgar, The Slaters Arms, lle mae hostel defnyddiol i fyny'r rhiw i'r dde iddo.

Yn y fan hon, ger y dafarn, mae Llwybr 8 yn troi'n serth i'r chwith i lawr drwy'r pentref, dros Afon Dulas, cyn dringo am ychydig i ddilyn ochr arall y dyffryn ar ffordd sy'n bonciau ac yn bantiau, ond bod mwy o bonciau nag sydd o bantiau, heibio i Faes Carafanau Corris, trwy Geinws, sy'n falch o'i thafarn ag oriel gelf fechan ynghlwm wrthi, ac i lawr i Ganolfan y Dechnoleg Amgen. Mae'n werth oedi yma ar y ffordd i lawr i Fachynlleth, ac mae'r ganolfan, sydd â chaffi, ar agor bob dydd. Mae yno hefyd arddangosfeydd rhyngweithiol ar gynhyrchu ynni a thrafnidiaeth, yn ogystal ag atebion

◀ Canolfan y Dechnoleg Amgen

ymarferol bob dydd i faterion gwyrdd gan y gymuned fechan sy'n byw yma ac sy'n arbrofi gyda gwahanol ffyrdd o weithredu syniadau cydweithredol ac amgylcheddol.

I barhau o'r ganolfan, gwyliwch am y troad i'r chwith sy'n mynd i lawr i'r gyffordd gyda'r B4404, ac yna mae tro i'r dde i fyny rhiw sy'n arwain i adran ddi-draffig. Mae'r llwybr beiciau, sy'n rhedeg gydag ochr yr A487 i ddechrau, yn gwyro'n fuan i groesi Pont y Mileniwm dros Afon Dyfi a'i llifddolydd hyfryd, cyn ailymuno â llwybr beiciau wrth ymyl yr A487 am ran olaf y daith i mewn i ganol Machynlleth.

Lle i aros

Yng Nghorris mae'r **Hostel Corris** annibynnol (*corrishostel.co.uk*) ychydig oddi ar y llwybr, 150m i fyny o dafarn y Slaters Arms. Mae **Byncws a Thafarn Braich Goch** (*braichgoch.co.uk*) ochr draw i Gorris ar briffordd yr A487. Mae **Fferm Llwyngwern** i'r gogledd o'r Ganolfan Technoleg Amgen ac mae maes gwersylla yno. Ym Machynlleth, mae gan fyncws (a maes gwersylla bychan) ardderchog **Reditreks** (*reditreks.com*) bopeth y gallai ymwelydd ar ddwy olwyn obeithio amdano.

Atgyweiriadau a mân ddarnau

Mae gan **The Holey Trail** yn Heol Maengwyn, Machynlleth bopeth sydd ei angen arnoch a'r perchennog sy'n rhedeg byncws Reditreks.

Mae'r **ganolfan groeso** wedi ei lleoli wrth y cloc yng nghanol Machynlleth.

Beth i'w weld

❶ Canolfan Technoleg Amgen Drwy arddangosfeydd rhyngweithiol gallwch ddysgu mwy am ddulliau diweddaraf y gymuned 'werdd' hon o gynhyrchu ynni a'r gwahanol ffyrdd o roi syniadau cydweithredol ac amgylcheddol ar waith. *cat.org.uk*

❷ Amgueddfa Celf Fodern Cymru Wedi ei lleoli yn y Tabernacl, cyn gapel y Wesleaid, mae'r amgueddfa'n cynnal arddangosfeydd, cyngherddau, dramâu a digwyddiadau llyfrau. Cynhelir gŵyl flynyddol yma ym mis Awst. *momawales.org.uk*

❸ Senedd-dy Ar Stryd Maengwyn saif tŷ ffrâm pren du a gwyn lle y cynhaliodd Owain Glyndwr Senedd yn 1404. Y tu fewn ceir arddangosfa yn dangos y prif ddigwyddiadau ym mywyd Owain Glyndŵr a threchu gwrthryfel y Cymry yn erbyn Harri'r IV o Loegr.

DOLGELLAU I FACHYNLLETH

117

Caffi ym Machynlleth ▶

Dolgellau i Fachynlleth drwy Dywyn

Os ydych eisiau parhau â her Llwybr 82 yna arhoswch ar y llwybr hwn wrth iddo ddilyn llethrau gorllewinol Cadair Idris cyn disgyn i lawr i'r arfordir yn Nhywyn ac ail-ymuno â Llwybr 8 ym Machynlleth. Gadewch Ddolgellau ar hyd Ffordd Cadair Idris a pharhewch ar y ffordd fynydd serth wrth iddi ddringo llethrau'r gadwyn fynyddoedd drawiadol hon. Argymhellir gwyriad bychan i gael gorffwys yn Llynnoedd Cregennen cyn mynd oddi ar y ffordd ar lôn sydd ag enw priodol iawn, Ffordd Ddu. Mae'r trac mynydd hwn yn arw, ac eto'n anaddas i feiciau teithio llwythog, ond mae'r golygfeydd dros aber Afon Mawddach a Bae Abermaw yn gwneud y ddringfa i dros 400m yn werth chweil. Yn ôl ar y tarmac mae disgyniad serth yn dod â chi i Ddyffryn Dysynni a heibio Craig yr Aderyn, lle mae'r bilidowcar yn dal i nythu, er bod y môr wedi cilio o'i godre, ac erbyn hyn dros 9km i ffwrdd! Mae'r llwybr yn mynd drwy bentref Bryncrug ar hyd y ffordd-A i Dywyn, lle cewch yr holl gyfleusterau sydd eu hangen arnoch, cyn eich bod yn dringo eto drwy Gwm Maethlon ac yna disgyn i lawr i Ddyffryn Dyfi ar y ffordd i Fachynlleth.

Machynlleth i Lanidloes

Pellter 37km/23 milltir **Tirwedd** Ar ffyrdd tawel yn bennaf, ond ar ôl Dyffryn Dulas mae'r ffordd fynyddig yn dringo hyd at 509m ar hyd ochr Pumlumon; gall y llwybr trwy Goedwig Hafren deimlo'r un mor unig, er ei fod yn is **Amser** 4-5 awr **Dringo** 780m

Ffordd fynyddig, droellog, hir i fyny'r llethrau i'r gogledd o Bumlumon, y pwynt uchaf ar Lwybr 8, ac yna taith gyffrous, a'r un mor serth, i lawr, gyda dolen trwy Goedwig anghysbell Hafren, a dilyn nant Afon Hafren i lawr i Lanidloes.

Dim ond dwy brif stryd sydd ym Machynlleth, gyda thŵr cloc Fictoraidd wrth gyffordd y ddwy; ond er hyn, ceir yr argraff ei bod yn dref bwysicach o lawer. Mae i Fachynlleth ran yn hanes Owain Glyndŵr – gwelir ei Senedd-dy ar Stryd Maengwyn – ond tipyn o syndod, wedi i chi fynd heibio'r Orsaf Drên ac ymuno â Stryd Penrallt, yw gweld, mewn hen gapel, Amgueddfa Celf Fodern, Cymru. Hefyd, ceir nifer o siopau a mannau bwyta ac aros.

Mae Llwybr 8 yn mynd i'r dwyrain o'r dref ar hyd Stryd Maengwyn, heibio i siop feiciau fechan ond llawn stoc, Holey Trail (y perchennog sydd hefyd yn cadw byncws cysurus Reditreks yn y dref), cyn troi i'r dde i'r ffordd fynyddig i Lanidloes. Yn fuan iawn bydd y tai y tu cefn i chi, a gallwch fynd yn gyflym ar hyd y ffordd gul, ond prysur ar adegau, i bentref bychan Y Bontfaen, lle bydd angen cadw i'r chwith dros bont Afon Dulas.

Mae'r llwybr yn dringo'n raddol wedyn am 4km trwy dir amaethyddol Dyffryn Dulas, ac yna'n mynd oddi wrth yr afon a dechrau dringo o ddifrif, hyd at 400m dros y 7km nesaf. Er bod y dringo'n hir, cewch fwynhau golygfeydd

◀ Y ffordd uchel i Dywyn

119

LÔN LAS CYMRU: GOGLEDD

gwych, i'r chwith dros y dibyn cynyddol serth ac i'r dde tua'r clogwyni trawiadol ar ymyl ogleddol llwyfandir Pumlumon. Wrth i chi fynd yn uwch, byddwch yn barod am gopaon twyllodrus, a darn serth iawn cyn cyrraedd y pwynt uchaf. Y cysur yma fydd gwybod y byddwch wedi cyrraedd pwynt uchaf Llwybr 8, sef 509m – mewn gwirionedd, gall fod yn fan annaearol o unig, â'r olygfa eang i'r de dros rostir agored at darddiad Afon Hafren yn rhoi teimlad o unigedd arbennig, ar wahân i'r stribyn o darmac dros y bwlch. Mewn tywydd da, mae'n werth oedi yn union cyn y pwynt uchaf i edmygu'r olygfa o Gofeb Wynford Vaughan-Thomas. Codwyd y gofeb i'r cynohebydd a darlledwr o Gymro yn y fan hon, nid am fod ganddo gysylltiadau penodol â'r ardal, ond am ei fod ef o'r farn mai'r olygfa oddi yma tua'r Wyddfa oedd yr orau yng Nghymru – ac mae'r llun ohono wedi ei gerfio ar y topograff yn pwyntio at yr olygfa.

Pleser pur yw'r 5km i lawr llethr ddwyreiniol

Beth i'w weld

❶ Cofeb Wynford Vaughan-Thomas Roedd y newyddiadurwr a'r darlledwr o Gymro yn credu mai'r olygfa oddi yma tuag at yr Wyddfa oedd yr orau yng Nghymru. Mae topograff yn helpu i ganfod nodweddion y dirwedd ar y pwynt uchaf a gyrhaeddir ar Lwybr 8.

❷ Ceunant Dylife Mae golygfan ar ochr y ffordd yn rhoi golygfeydd gwych i lawr y dyffryn siâp V hwn, a dorrwyd gan ffrydlif o ddŵr tawdd rhewlifol.

❸ Minerva Arts Centre Cartref y Gymdeithas Cwiltiau a'i chasgliad o gwiltiau treftadaeth. Mae'r casgliad yn cynnwys nifer fawr o hen gwiltiau, templedi cwiltio a fframiau a wnaed yng Nghymru yn ystod y bedwaredd ganrif ar bymtheg a'r ugeinfed ganrif. *quilt.org.uk*

❹ Amgueddfa Llanidloes Cyfle i ddysgu rhagor am hanes a diwydiant yr ardal drwy arddangosfeydd yn yr Hen Neuadd Farchnad, y diwydiannau cloddio a gwlân, adeiladu'r rheilffordd, mudiad y Siartwyr a therfysgoedd 1839. *powys.gov.uk*

◀ Ar y ffordd i Lanidloes

⑦ LÔN LAS CYMRU: GOGLEDD

y bryn, ond mae angen gwylio'r tyllau a'r cerrig rhydd arni. Yn llawer rhy fuan byddwch yn gwibio heibio i bentref Dylife a'r Star Inn hudolus, ond mae'n sicr yn werth aros 1km ymhellach ymlaen i edmygu ffos ddofn ar siâp V Ceunant Dylife, cyn cyrraedd y gyffordd â'r B4518, lle mae'r graddiant yn lleihau.

Yma, mae Llwybr 8 yn mynd i gyfeiriad y de am ychydig dros 1.5km gan droi i'r dde ychydig cyn cyrraedd pentref Penfforddlas, i fynd ar y ffordd gul trwy Goedwig Hafren. Rydych yn mynd trwy dir pori defaid a gwartheg, gan rannu'r llwybr ar y cychwyn â cherddwyr ar Ffordd Glyndŵr, cyn croesi Afon Lwyd i blanhigfeydd Coedwig Hafren. Dewiniaid dŵr calchfaen yw'r tyrrau bychain anarferol a welir gerllaw, wedi eu gosod i reoli asidrwydd y pridd yn yr ardal. Mae ffordd y goedwig yn esgyn a disgyn am 4.5km heibio i fraich orllewinol Llyn Clywedog a hen anheddiad Cwm Buga, ac yn cyrraedd maes parcio a man picnic Rhyd-y-Benwch. Dyma fan cychwyn llwybrau cerdded Lôn Hafren a Thaith Gerdded Dyffryn Gwy. Mae llwybrau byrrach eraill i'w harchwilio, a cheir manylion amdanynt ar yr hysbysfyrddau.

Mae'r llwybr yn parhau trwy'r coedwig, ac wedi'r ddringfa fer gyntaf, mae'n cwrdd ag Afon Hafren sydd eisoes yn fyrlymus, er mai nant fynyddig ydyw o hyd, ac yn ei dilyn am 9km wedyn i lawr i Lanidloes. Fodd bynnag, nid taith syml i lawr rhiw mohoni, gan fod arni nifer o esgynfeydd byr ond serth wrth i'r ffordd nadreddu i lawr y dyffryn. Gall y pellter ymddangos yn bellach nag ydyw mewn gwirionedd pan fyddwch wedi blino. Ychydig llai na 1km cyn cyrraedd Llanidloes ei hun, mae Llwybr 8 yn troi i'r dde i gyfeiriad Llangurig, ond mae'n werth mynd ychydig yn bellach er mwyn ymweld â'r dref ei hun.

Lle i aros
Mae maes gwersylla yn **Fferm Dol-llys**, 1.5km i'r gogledd ddwyrain o Lanidloes oddi ar y B4569. Ar gyfer grwpiau, mae **Byncws Plasnewydd** 3km i'r dwyrain o'r dref ar hyd Ffordd Gorn (*plasnewydd bunkhouse.co.uk*). Yn Llanidloes, argymhellir y **Gwesty Lloyds** cyfeillgar ar gyfer ystafelloedd a bwyta (*lloydshotel.co.uk*). O fynd ymhellach, mae **Aubrey's** yn llety gwely a brecwast cyfeillgar i feicwyr sydd wedi ei leoli yn hen lety gweision y tŷ arddull celf a chrefft ar Ystâd Clochfaen yn Llangurig (*theclochfaen.co.uk*).

Atgyweiriadau a mân ddarnau
Nid oes siop feiciau ar yr adran hon, ond yn Llanidloes, mae **Idloes Motor Spares** ar Heol China yn gwerthu ategolion beicio sylfaenol.

i Mae'r **canolfan groeso** yn Llanidloes wedi ei lleoli ar Stryd y Bont Hir.

◀ Ceunant Dylife

De: Llanidloes i Gaerdydd neu Gas-gwent

I'r de o Lanidloes, y gellir ei chyrraedd ar hyd Llwybr 81 o'r cysylltiad rheilffordd yng Nghaersws, mae Lôn Las Cymru yn dringo allan o Ddyffryn Hafren i gyfarfod Afon Gwy yn Llangurig. Oddi yma mae gwedd feddalach i'r dirwedd wrth i chi ddilyn Afon Gwy i dref fechan Rhaeadr Gwy, sydd erbyn hyn yn ganolfan gynyddol boblogaidd gyda beicwyr mynydd. Yma hefyd ceir Dolen Maesyfed, llwybr beicio rhanbarthol sy'n mynd i gyfeiriad e dwyrain drwy drefi Gororau Cymru.

Nawr mae Llwybr 8 yn mynd ymhellach ar hyd Dyffryn Gwy, gan weithiau ddringo llethrau'r rhostir sydd byth nepell i ffwrdd, drwy bentref y Bontnewydd ar Wy ac ar hyd yr hen ffordd goets i dref farchnad sylweddol Llanfair-Ym-Muallt, sydd erbyn hyn yn enwog am gynnal y Sioe Amaethyddol Frenhinol bob haf.

Y tu hwnt i Lanfair-ym-Muallt ceir adran llawer mwy gwastad ar hyd glannau Afon Gwy i'r hen orsaf rheilffordd yn Erwood. Oddi yma mae'r llwybr yn dilyn lonydd tawel, a fyddai'n addas ar gyfer teuluoedd sy'n feicwyr profiadol, cyn croesi Afon Gwy yn Clas-ar-Wy o fewn golwg i sgarpiau mawreddog y Mynyddoedd Du. Yma mae Lôn Las Cymru yn hollti a cheir dewis o lwybrau.

Mae ei changen ddwyreiniol, sy'n dilyn arwyddion Llwybr 42, yn mynd i gyfeiriad tref lyfrau hanesyddol y Gelli Gandryll, cyn dringo'n serth i ben y Mynyddoedd Du a thros Fwlch yr Efengyl, y pwynt uchaf ar Lôn Las Cymru, sef 538m. Mae'r llwybr yn disgyn drwy Ddyffryn Euas heibio i adfeilion Abaty Llanddewi Nant Honddu ac yna'n troi i gyfeiriad y de tuag at Y Fenni, lle mae Llwybr 46 yn ymuno ar ei ffordd o Dde Cymru i Ganolbarth Lloegr. Y tu hwnt i'r Fenni byddwch yn croesi i Ddyffryn Wysg a thref brydferth Brynbuga, cyn disgyn i Goedwig Coed Gwent, y mae ei hymyl gogleddol yn eich arwain i fyny drwy bentref Drenewydd Gelli-farch cyn i disgyniad olaf i dref Cas-gwent a'i phorthladd a'i chastell hanesyddol.

Mae cangen orllewinol Lôn Las Cymru, sy'n parhau i ddilyn Llwybr 8, yn troi tua'r gorllewin o Glas-ar-Wy ac ar hyd llethrau isaf y Mynyddoedd Du, heibio pentref Talgarth a thros fryniau rhyngfodol i gyrraedd Dyffryn Wysg a thref Aberhonddu, sydd wedi ei hen sefydlu fel canolfan ar gyfer gweithgareddau awyr agored.

Mae Lôn Las Cymru nawr yn mynd i gyfeiriad y de ac yn

DE: LLANIDLOES I GAERDYDD NEU GAS-GWENT

cyfuno â Thaith Taf, sy'n cynnig beicio gwych i'r teulu, yn arbennig ar gyfer beicwyr profiadol. I ddechrau mae'n dilyn Camlas Sir Fynwy ac Aberhonddu, ond unwaith yr aiff heibio Llanfrynach mae'r llwybr yn mynd i ganol Bannau Brycheiniog, er bod inclein graddol hen Reilffordd Cyffordd Aberhonddu a Merthyr uwchlaw Cronfa Ddŵr Talybont yn lliniaru rhywfaint ar y ddringfa i fynd heibio Torpantau, sy'n 439m. Mae'r disgyniad heibio'r cronfeydd dŵr ar y llethrau deheuol yn mynd â chi ar wib i lawr llwybr beicio di-draffig ac ar hyd Traphont Cefn Coed i Ferthyr Tudful, a oedd unwaith yn brifddinas haearn De Cymru.

I'r de o Ferthyr Tudful mae'r llwybr bron yn gyfan gwbl ddi-draffig ac nid yw Afon Taf byth yn bell i ffwrdd wrth i chi fynd heibio Aberfan a Mynwent y Crynwyr, lle mae Llwybr 47, rhan o'r Lôn Geltaidd, yn mynd i'r Dwyrain i Gasnewydd ar ei ffordd o Abertawe. Mae lein hen Reilffordd Cwm Taf yn dod â chi i Bontypridd a Pharc Ynysangharad, lle mae Llwybr 4 o Abertawe yn ymuno â Lôn Las Cymru, cyn troi i ffwrdd yn Nantgarw.

Oddi yma, mae adran olaf Lôn Las Cymru yn mynd o dan draffordd yr M4 ac yn parhau i lawr coridor gwyrdd o barciau ar hyd Afon Taf drwy ganol prifddinas Cymru, heibio Eglwys Gadeiriol Llandaf a Stadiwm y Mileniwm i orffen wrth lan y dŵr ym Mae Caerdydd.

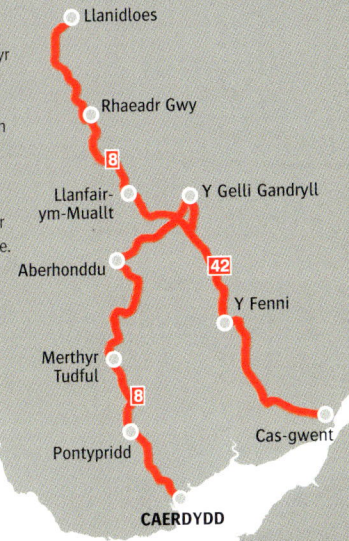

Llanidloes i Raeadr Gwy

Pellter 24km/15 milltir **Tirwedd** Mae ffyrdd tonnog tawel yn codi ac yn croesi i Langurig, cyn bod llethrau Dyffryn Gwy yn eich arwain i Raeadr Gwy **Amser** 3 awr **Dringo** 490m

O dref farchnad brydferth Llanidloes, mae lonydd troellog, gyda rhai adrannau byr serth, yn arwain at bwynt uchel i gwrdd ag Afon Gwy yn Llangurig. Oddi yno, mae teimlad ysgafnach i'r dirwedd wrth i'r llwybr ddilyn cwrs pant a bryn i lawr ochrau uchaf Dyffryn Gwy i dref farchnad Rhaeadr Gwy.

Yma ceir newid i'r dirwedd, gyda chefn gwlad esmwythach, yn lle'r bryniau a'r corsydd agored a fu fwyaf amlwg. Ond, newid graddol ydyw, ac mae llethrau serth rhostir Dyffryn Gwy uchaf yn dal i greu rhai dringfeydd garw, er nad ydynt cyn hired na chyn uched â rhai rhan ogleddol y llwybr.

Mae Llanidloes ei hun yn ganolfan dda i gychwyn hanner deheuol Lôn Las Cymru. Mae digon o siopau, mannau bwyta a lety yn y dref farchnad fechan hon. Mae hefyd yn lle hyfryd i dreulio ychydig oriau'n crwydro o gwmpas. Mae coed du a gwyn Hen Neuadd Farchnad yr Ail Ganrif ar Bymtheg i'w gweld o hyd ar y groesfan ganolog. Cysegrwyd yr eglwys, a welir oddi ar Stryd y Bont Hir, i'r mynach o'r Seithfed Ganrif, Idloes Sant, a roes ei enw i'r dref. Mae ynddi do gwych o drawstiau gordd. Ym 1839, cafwyd terfysgoedd y Siartwyr yn y dref, a cheir plac i'w cofio ar yr hen Trewythen Arms ar Stryd y Dderwen Fawr, gyferbyn â Neuadd y Dref sy'n gartref i'r Amgueddfa Hanes Cymdeithasol a Diwydiannol. Os oes gennych ddiddordeb

LLANIDLOES I RAEADR GWY

◀ Llanidloes

mewn crefftau, ac yn arbennig cwiltio, parhewch ymlaen ychydig i Ganolfan Gelfyddydau Minerva.

Mae pob math o deithiau cerdded a beicio i'w cael yn yr ardal gyfagos. Nid y lleiaf ohonynt yw'r llwybrau beicio mynydd yng Nghoedwig Hafren ac ar rostir uchel Pumlumon ei hun. Ar gyfer beicwyr ffordd, mae Llwybr Cenedlaethol 81, Lôn Cambria, yn mynd trwy'r dref ar ei daith 178km/110 milltir trwy Ganolbarth Cymru, o Aberystwyth yn yr arfordir i'r Amwythig, un o drefi'r Ffin.

I ymuno â Llwybr 8 o Lanidloes, cychwynnwch o'r Hen Neuadd Farchnad a dilyn Llwybr 81 i lawr Stryd y Bont Fer dros Afon Hafren, a chadw i'r chwith. Yna dringwch yn raddol ar hyd Ffordd Penygreen am ychydig dros 1km, lle mae Llwybrau 8 a 81 yn ymuno â'i gilydd cyn belled â Rhaeadr Gwy. Cadwch i'r chwith i lawr y rhiw, dros Afon Hafren unwaith eto er mwyn dilyn dyffryn Llednant i gyfeiriad y de orllewin. O hyn ymlaen, bydd y coed a'r gwrychoedd a'r caeau yn rhoi gwedd ysgafnach i'r wlad wrth i'r ffordd gul ddringo'n raddol i fyny'r dyffryn am 3km. Yma, ceir cyfres o ddringfeydd byr garw at bwynt uchel uwchben Dyffryn Gwy, cyn disgyn yn serth i bentref Llangurig. Mae yno ddwy dafarn a siop bentref, ac yn yr eglwys brydferth a gysegrwyd i Sant Curig ceir ffenestr liw arbeisiol a Sedd Frenhinol.

Mae tro igam ogam dros yr A44, sy'n mynd trwy ganol y pentref, yn mynd â chi'n fuan dros Afon Gwy, sydd eisoes yn llawer mwy na nant fynyddig wrth iddi lifo'n llydan rhwng llifddolydd. Yna cadwch i'r chwith ar hyd ochr orllewinol y dyffryn ar y darn 17km i Raeadr Gwy. Ar y cychwyn, mae'r llwybr yn cadw'n agos at yr afon, ond cyn bo hir mae'r ffordd yn dilyn cwrs pantiog ar hyd ochr y dyffryn; ac er nad yw'n codi i uchder mawr, nid yw'n daith wastad o bell ffordd, a bydd angen mwy o ymdrech nag a awgrymir gan y map. Ond mae'n werth oedi ar y darn hwn, petai dim ond oherwydd y golygfeydd.

Wedi 7km, ger pen deheuol anheddiad gwasgaredig Dernol, chwiliwch am dro i'r dde a fydd yn eich arwain dros ddarn serth at lôn a fydd yn fuan iawn yn disgyn eto at Afon Gwy, cyn dringo unwaith yn rhagor heibio i fuarth fferm a'r gyntaf mewn cyfres o giatiau ffordd. Nawr mae'r ffordd yn fwy garw, a'r dyffryn yn dechrau culhau a goleddu i lawr gan roi'r argraff o geunant wrth i chi fynd o amgylch clogwyn dwyreiniol Moelfryn at bedwaredd giât ffordd wrth fferm.

Mae'r llwybr yn awr yn mynd ar i waered am 1km, yn ôl at Afon Gwy ei hun, ond mae'r dyffryn yn dechrau datgelu ei natur guddiedig, a bron ar unwaith yn mynnu eich bod yn dringo eto, er yn weddol ysgafn, am y 3km nesaf, trwy

127

dir coedwigaeth cyn i chi o'r diwedd allu hwylio i lawr i'r B4518 yng Nghwmdeuddwr, yng nghyffiniau Rhaeadr Gwy. Yma, mae Llwybr 8 yn troi i'r chwith am 50m cyn gwyro i'r dde at adran ddi-draffig i lawr Dyffryn Gwy. Mae canol Rhaeadr Gwy 500m ymhellach ymlaen ar hyd y B4518.

Lle i aros
Mae gan Rhaeadr Gwy amrywiaeth dda o leoedd i aros. Os ydych am wersylla rhowch gynnig ar **Barc Gwersylla Wyeside** (*wyesidecamping.co.uk*) ychydig i'r gogledd o'r dref neu **Fferm Gigrin** (*gigrin.co.uk*), taith fer ar y beic i'r de. Ymhlith y digonedd o letyau gwely a brecwast mae **Brynteg a Liverpool House** ar Stryd y Dwyrain (*liverpoolhouse.co.uk*), lletyau syml ond cyfeillgar i feiciau. Wrth dŵr y cloc mae'r **Tŷ Morgans** crand (*tymorgans.co.uk*) yn cynnig bar, bistro ac ystafelloedd. Allan o'r dref, mae gan **ffermdy Beili Neuadd** (*midwalesfarmstay.co.uk*), 3km i'r gogledd ddwyrain ar hyd Llwybr Rhanbarthol 25, oddi ar Ffordd Abaty Cwm Hir, yn cynnig lletty byncws, gwely a brecwast a chalets.

Atgyweiriadau a mân ddarnau
Ar Stryd y Gorllewin yn Rhaeadr Gwy, mae gan **Clive Powell Mountain Bikes** ategolion a beiciau i'w llogi.

LLANIDLOES I RAEADR GWY

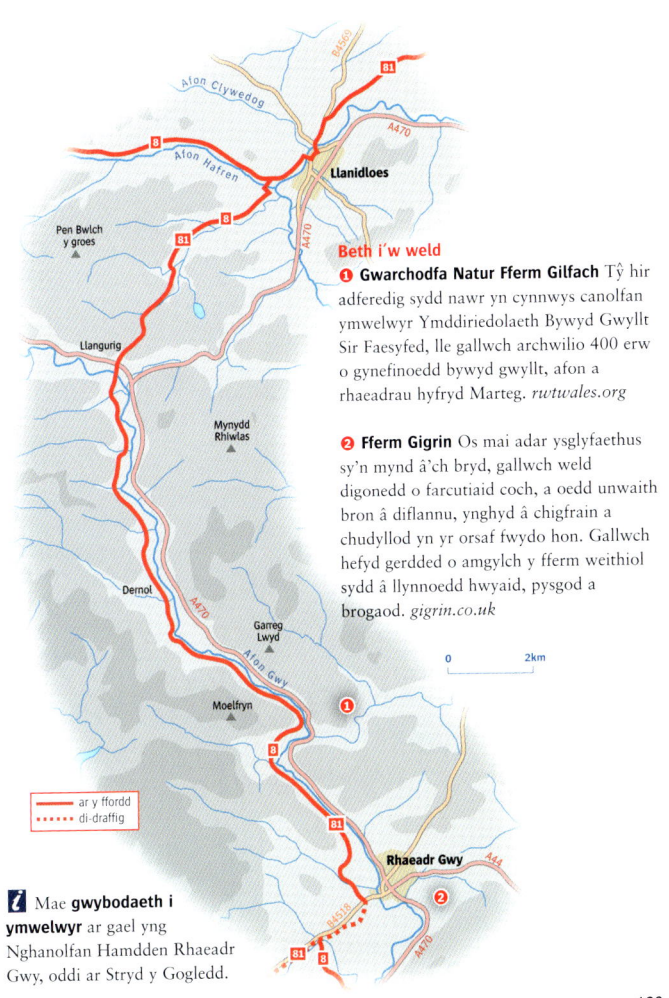

Beth i'w weld

❶ Gwarchodfa Natur Fferm Gilfach Tŷ hir adferedig sydd nawr yn cynnwys canolfan ymwelwyr Ymddiriedolaeth Bywyd Gwyllt Sir Faesyfed, lle gallwch archwilio 400 erw o gynefinoedd bywyd gwyllt, afon a rhaeadrau hyfryd Marteg. *rwtwales.org*

❷ Fferm Gigrin Os mai adar ysglyfaethus sy'n mynd â'ch bryd, gallwch weld digonedd o farcutiaid coch, a oedd unwaith bron â diflannu, ynghyd â chigfrain a chudyllod yn yr orsaf fwydo hon. Gallwch hefyd gerdded o amgylch y fferm weithiol sydd â llynnoedd hwyaid, pysgod a brogaod. *gigrin.co.uk*

ℹ Mae **gwybodaeth i ymwelwyr** ar gael yng Nghanolfan Hamdden Rhaeadr Gwy, oddi ar Stryd y Gogledd.

◀ Canol tref Rhaeadr Gwy

Rhaeadr Gwy i Lanfair-ym-Muallt

Pellter 27.5km/17 milltir **Tirwedd** Lonydd tawel yn gyfochrog a neu ar gyrion rhostir uwch Afon Gwy; un darn oddi ar y ffordd, y gellir ei osgoi **Amser** 3 awr **Dringo** 430m

Mae lonydd tonnog yn mynd â chi ymhellach i lawr Dyffryn Gwy trwy bentrefi Llanwrthwl a Phontnewydd ar Wy, ambell dro yn cadw'n agos at Afon Gwy, dro arall yn dringo i fyny llethrau'r rhostir sy'n codi uwchlaw'r dyffryn. Mae un darn o lwybr eithaf garw ar hyd Hen Ffordd y Goets Fawr rhwng Llanwrthwl a Phontnewydd ar Wy.

Rhaeadr Gwy yw'r dref gyntaf ar Afon Gwy a honnir hefyd mai hon yw tref hynaf Canolbarth Cymru. Mae ei henw, Rhaeadr Gwy, yn esbonio tarddiad enw'r dref – Rhaeadr ar Afon Gwy – er bod hon wedi'i dinistrio i bob pwrpas ar ddiwedd y ddeunawfed ganrif wrth adeiladu'r bont sy'n arwain i Gwmdeuddwr cyfagos, neu Gwm y Ddau Ddŵr, sef Afon Gwy ac Afon Elan. Ar ddiwedd y bedwaredd ganrif ar bymtheg, ychydig i fyny'r dyffryn, adeiladwyd cronfeydd dŵr dadleuol Cwm Elan i gyflenwi dŵr trwy bibellau a fwydir gan ddisgyrchiant am fwy na 112km/70 milltir i Birmingham.

Yn fwy diweddar, daeth y dref yn fwy poblogaidd ar gyfer gweithgareddau awyr agored – cerdded, pysgota, merlota, ac nid yn lleiaf, beicio ar y ffordd ac oddi ar y ffordd. Mae nifer o reidiau undydd ar gael yng Nghwm Elan a'r bryniau oddi amgylch, yn arbennig ar gyfer beicwyr mynydd, ac mae mynediad yn hawdd ar hyd Llwybr Cenedlaethol 81 sy'n mynd i'r gorllewin tuag at Aberystwyth. I gyfeiriad y dwyrain ceir Llwybr Beicio Rhanbarthol 25, Dolen

RHAEADR GWY I LANFAIR-YM-MUALLT

Maesyfed, taith 138km/86 milltir galetach sy'n cysylltu Rhaeadr Gwy â threfi Gororau Cymru, sef Ceintun, Tref-y-clawdd a Llandrindod, lle gallwch hefyd ymweld â'r Amgueddfa Feiciau Genedlaethol.

I ymuno â Llwybr 8, dechreuwch o Dŵr y Cloc a'r Gofeb Rhyfel yng nghanol Rhaeadr Gwy ac ewch i lawr Stryd y Gorllewin heibio i Westy Cwm Elan, siop Clive Powell Mountain Bikes a dros Afon Gwy i mewn i bentref Cwmdeuddwr. Yma, gallwch ymuno â Llwybr 8 (ac 81) o Lanidloes wrth iddo droi i'r chwith i'r Lwybr Cwm Elan di-draffig. Mae hwn yn mynd i fyny trwy warchodfa natur goediog hyfryd ar hyd llwybr hen reilffordd ac uwchben Twnnel Rhaeadr Gwy, cyn disgyn yn araf i gyffordd ag isffordd ger y B4518. Yma mae Llwybr 81 yn mynd yn syth ymlaen tuag at Bentref Elan, ond mae Llwybr 8 yn troi i'r chwith ac yn mynd â chi dros bont Afon Elan. Ymhen 100m, cadwch i'r chwith ar y tro nesaf i'r dde i wneud yn siwr eich bod yn mynd i lawr y dyffryn.

Am y 4km nesaf, mae'r llwybr yn dilyn lôn gul a thonnog, gan groesi dolydd glan afon i ddechrau, cyn aros, yn union cyn i Afon Elan ymuno ag Afon Gwy, yn mynd i gyfeiriad llethrau coediog y dyffryn. Yn union wedi man uchaf y lôn, gwyliwch am dro sydyn i'r chwith ar gyfer y disgyniad serth i bentref tlws Llanwrthwl. (Oddi yma, os ydych chi'n dymuno osgoi'r Hen Ffordd Goets Fawr arw yn yr adran nesaf rhwng Llanwrthwl a Phontnewydd ar Wy, dylech chi ddilyn yr A470 brysur.)

Ger Eglwys Llanwrthwl, mae Llwybr 8 yn troi i'r dde i lawr lôn â gwrychoedd iddi, ac nid yw Afon Gwy byth yn bell ar y chwith, cyn codi i gyrraedd diwedd y tarmac, lle mae llwybr yn mynd i lawr i'r chwith i'r ffermdy yn Hodrid. O'ch blaen mae man cychwyn Hen Ffordd y Goets Fawr hyfryd. Os oes gennych lwyth trwm mae'n bosib y bydd yn rhaid i chi wthio oherwydd y goledd ar y dechrau ar y cobls garw, ond cyn hir mae'r llwybr yn gwastatáu a gallwch fwynhau golygfeydd bob hyn a hyn i lawr at Afon Gwy, gan gynnwys plasty Doldowlod, hen gartref James Watt sy'n enwog am ei waith ar yr injan stêm. O'r man uchaf, mae disgyniad o 2km at bont dros nant a man cychwyn y tarmac unwaith eto. Ymhellach draw, mae Llwybr 8 yn troi i'r dde ar gyfer dringfa droellog am 100m, yn eithaf serth ar y dechrau, i gyrraedd tro sydyn i'r chwith ar ôl 1.5km, sy'n nodi man cychwyn disgyniad sydd i'w chroesawu ac sy'n ysgubo i lawr i'r B4358 at gyrion Pontnewydd ar Wy. Yma mae tro i'r chwith yn mynd â chi i fyny i'r A470 a thafarnau a siop fechan y pentref gwasgarog.

I fynd allan o Bontnewydd ar Wy, dilynwch yr A470 tua'r de am 1km i lawr hyd at dro i'r chwith, lle mae Llwybr 8 yn gwyro i'r dde i lawr y rhiw i groesi Afon Gwy ymhen 1km ar Bont Brynwern. Am y 3km nesaf, mae'r lôn

◀ Porth Llwybr Cwm Elan

donnog yn teithio drwy gefn gwlad hyfryd, cyn dringo llethrau'r dyffryn i gyffordd-T ar gyrion y rhostir agored. Yma mae tro i'r chwith yn mynd â chi'n uwch fyth a byddwch chi angen tipyn o stamina i fwynhau 3km arall o lonydd tonnog cyn gweld adeiladau Llanfair-ym-Muallt, o'r diwedd, wrth i chi ddechrau disgyn i lawr i'r dyffryn. Ger y tai cyntaf, gwyliwch am dro i'r chwith ar hyd llwybr beicio sy'n mynd â chi i lawr i bont dros Afon Irfon, cyn anelu am y chwith, lle mae Afon Irfon yn ymuno cyn hir ag Afon Gwy, a gydag ochr meysydd chwarae a'r tir hamdden i mewn i ganol Llanfair-Ym-Muallt.

Lle i aros

Os am wersylla, rhowch gynnig ar **Faes Gwersylla White House** (*whitehousecampsite.co.uk*) ar gyrion dwyreiniol Llanfair-Ym-Muallt ar lan Afon Gwy. Am lety gwely a brecwast, mae **Tŷ Gwesty Bron Wye** (*bronwye.co.uk*) mewn man canolog ar Stryd yr Eglwys, mae **Everlook** (*everlookbuilthwells.co.uk*) ar Ffordd y Gogledd yn edrych dros Afon Gwy, ac mae gan **The Hollies** (*theholliesbuilthwells.co.uk*) ar Ffordd Garth ystafelloedd a chalet dau wely.

Atgyweiriadau a mân ddarnau

Gellir llogi beiciau a phrynu rhannau sbâr yn **Builth Wells Cycles** ar Ffordd Smithfield.

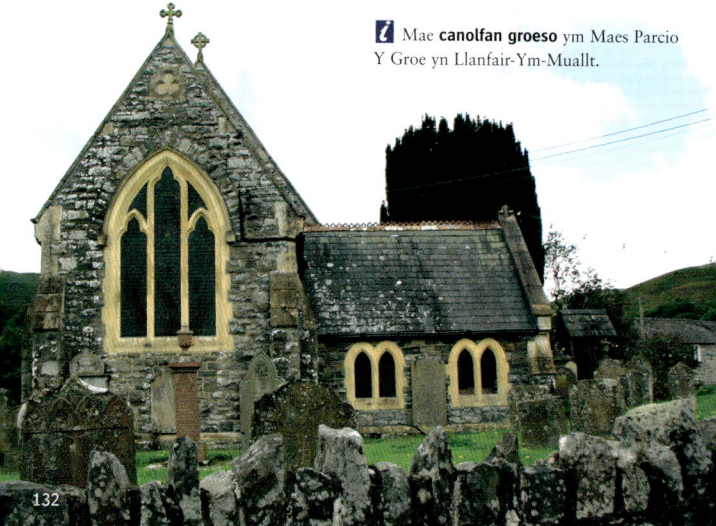

Mae **canolfan groeso** ym Maes Parcio Y Groe yn Llanfair-Ym-Muallt.

Rhaeadr Gwy i Lanfair-ym-Muallt

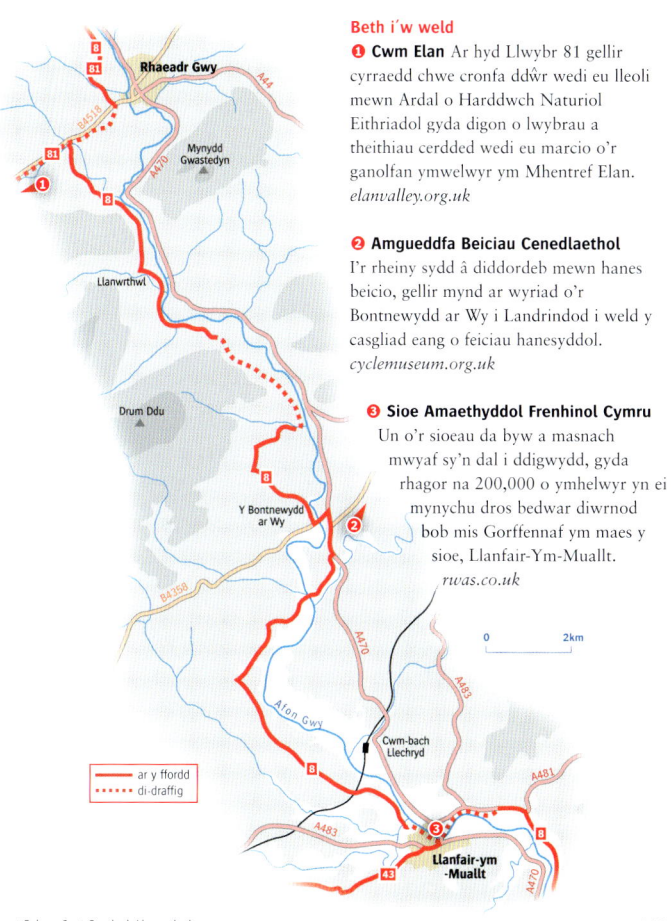

Beth i'w weld

❶ Cwm Elan Ar hyd Llwybr 81 gellir cyrraedd chwe cronfa ddŵr wedi eu lleoli mewn Ardal o Harddwch Naturiol Eithriadol gyda digon o lwybrau a theithiau cerdded wedi eu marcio o'r ganolfan ymwelwyr ym Mhentref Elan. *elanvalley.org.uk*

❷ Amgueddfa Beiciau Cenedlaethol I'r rheiny sydd â diddordeb mewn hanes beicio, gellir mynd ar wyriad o'r Bontnewydd ar Wy i Landrindod i weld y casgliad eang o feiciau hanesyddol. *cyclemuseum.org.uk*

❸ Sioe Amaethyddol Frenhinol Cymru Un o'r sioeau da byw a masnach mwyaf sy'n dal i ddigwydd, gyda rhagor na 200,000 o ymhelwyr yn ei mynychu dros bedwar diwrnod bob mis Gorffennaf ym maes y sioe, Llanfair-Ym-Muallt. *rwas.co.uk*

◀ Eglwys Sant Gwrthwl, Llanwrthwl

Llanfair-Ym-Muallt i Glas-ar-Wy/ Y Gelli Gandryll

Pellter 26km/16 milltir **Tirwedd** Darn byr o lwybr beicio di-draffig ac yna ffordd donnog a chyflym y B4567, gyda lonydd tawelach yn arwain ymhellach i lawr Dyffryn Gwy i Glas-ar-Wy **Amser** 2 awr **Dringo** 190m

Disgyniad graddol ond tonnog yng nghanol Dyffryn Gwy uchaf harddwych, i ddechrau ar ffyrdd a all fod yn brysur, ond y tu hwnt i Erwood mae'r llwybr yn dawel gyda golygfeydd cynyddol ddramatig i gyfeiriad y Mynyddoedd Du.

Mae Llanfair-Ym-Muallt yn parhau'n dref farchnad brysur, ac ar un adeg roedd hi'n enwog am ei ffynhonnau meddyginiaethol. Adeiladwyd llawer o adeiladau Fictoraidd y dref ar gyfer y mewnfudiad o dwristiaid a ddaeth ar y rheilffordd i 'gymryd y dŵr'. Erbyn hyn mae nifer dda o'r tai gwesty o'r bedwaredd ganrif ar bymtheg yn dal i groesawu ymwelwyr, yn arbennig yn ystod mis Gorffennaf pan fydd y dref yn cynnal y Sioe Amaethyddol Frenhinol. Mae trefn unffordd sy'n mynd â chi i'r dde o'r bont chwe bwa enwog o'r ddeunawfed ganrif dros yr Afon Gwy ar hyd Stryd Lydan, lle y dewch o hyd i brif siopau, tafarndai a chaffis y dref.

Mae Llwybr 8 yn gadael Llanfair-Ym-Muallt drwy groesi Pont Afon Gwy. Ar y troad nesaf bydd angen i chi gadw i'r dde, croesi'r ffordd ac i'r llwybr di-draffig, gan fynd heibio i siediau diwydiant ysgafn, cyn y bydd y llwybr yn gwasgu ei ffordd am 1.5km ar hyd adran o hen reilffordd rhwng Afon Gwy a ffordd yr A481. Wrth y gylchfan trowch i'r dde ar hyd y ffordd brysur hon am 600m. Bydd yn rhyw faint o ryddhad i chi droi i'r dde tuag at Aberedw ar y B4567, sy'n dawelach ond yn

Locomotif yng Ngorsaf Erwood

LLANFAIR-YM-MUALLT I GLAS-AR-WY/Y GELLI GANDRYLL

◄ Croeso i Lanfair-ym-Muallt

dal yn gyflym. Wedi disgyniad cyffrous i ddechrau mae'r ffordd yn gweithio'i llwybr yn fwy graddol i lawr y dyffryn am y 9km heibio i Aberedw ac ymlaen tuag at Erwood, er bod y dringfeydd serth achlysurol er mwyn delio â'r brigiadau creigiog ar yr ochr hon o'r afon yn gwneud y cynnydd yn anoddach nag a awgrymir gan y map, ond eto mae dyffryn Afon Gwy yn un o'r dyffrynnoedd afon hynny sydd bob amser yn llawn profiadau annisgwyl.

Mae Gorsaf Erwood yn mynnu eich bod yn stopio. Saif ar hen reilffordd Aberhonddu i Lanidloes, a agorwyd ym 1864 gan Gwmni Rheilffordd Canolbarth Cymru cyn dod yn rhan o'r Great Western Railway tua 60 mlynedd yn ddiweddarach. Cludodd y rheilffordd ei thrên olaf ym 1962, bron i 100 mlynedd wedi iddi agor. Fodd bynnag, cafodd yr orsaf, a adawyd yn adfail am ragor nag 20 mlynedd, ei phrynu'n breifat ym 1984. Nawr gallwch gymryd golwg o gwmpas yr orsaf sydd wedi ei hadnewyddu, gyda'i chasgliad o drenau stêm, hen greiriau rheilffordd ac oriel gelf. Mae yno hefyd gaffi bychan a theithiau cerdded ar hyd Afon Gwy.

Ychydig heibio i Orsaf Erwood mae Llwybr 8 yn troi i'r dde oddi ar y B4567 i gyfeiriad Bochrwyd ar hyd ffordd dawel sy'n dilyn lein yr hen reilffordd. Mae'n adran goediog bleserus gydag Afon Gwy gerllaw ar y dde. Wedi 3km mae troad i'r dde dros bont grog fechan i gyrraedd yr A470 a maes gwersylla a byncws Melin Trericket. Yna mae'r ffordd yn dringo drwy bentrefan Llansteffan ac yna'n disgyn yn raddol i lawr drwy bentref Bochrwyd gan fynd o amgylch yr eglwys, ac i'r gyffordd â'r B4350 ger Llyswen. Yma mae swyddfa bost hwylus a siop, gyda thafarn y Bridgend ar y dde ac ochr bellaf pont Bochrwyd.

Fodd bynnag, ar gyfer 6km olaf yr adran hon, mae Llwybr 8 yn troi i'r chwith ar hyd y B4350 ac yn dringo am ychydig cyn cadw i'r dde a nadreddu i lawr drwy Frest Bochrwyd ac ar draws caeau, gyda golygfa gynyddol glir o sgarp gogleddol y Mynyddoedd Du. Nawr mae un ddringfa olaf drwy Gwmbach ac i lawr heibio Canolfan Awyr Agored Woodlands, lle bu'r awdur, dringwr a fforiwr dylanwadol Colin Mortlock gynt yn Warden, cyn cyrraedd pentref Clas-ar-Wy.

Dim ond taith fer i ffwrdd yw'r Gelli Gandryll, Meca'r llyfrbryfed, ar isffyrdd o Glas-ar-Wy ac mae'n lle da i aros, boed eich bod am deithio'r ffordd uchel dros Fwlch yr Efengyl o'r Gelli Gandryll i'r Fenni neu fynd yn uniongyrchol o Glas-ar-Wy i Dalgarth ac Aberhonddu er mwyn dilyn y Daith Taf haws i lawr i Gaerdydd.

LÔN LAS CYMRU: DE

Beth i'w weld

❶ Gorsaf Erwood Casgliad o drenau stêm GWR, memorabilia rheilffordd, oriel gelf a chrefftau ar gyfer pob oed. Mae yma hefyd gaffi bychan sy'n croesawu plant a llwybrau cerdded ar hyd glan Afon Gwy. *erwood-station.co.uk*

❷ Canŵod Dyffryn Gwy Gallech dorri ar eich siwrnai yng Nglas-ar-Wy ac archwilio Afon Gwy mewn dewis o ganŵ Canadaidd, caiac dwbl neu gaiac sengl y gellir eu llogi yma. *wyevalleycanoes.co.uk*

Atgyweiriadau a mân ddarnau

Drover Holidays ar Ffordd Rhydychen yn y Gelli Gandryll – gellir llogi beiciau yma, a hefyd ceir gweithdy sy'n stocio dewis da o ategolion.

Lle i aros

I'r de o Erwood ar yr A470, mae **Melin Trericket** yn cynnig gwely a brecwast llysieuol, byncws a maes gwersylla bychan gyda chysgodfan beiciau (*trericket.co.uk*). Yng nghanol Clas-ar-Wy mae'r **Maesllwch Arms** (*maesllwcharms.co.uk*) lle ceir moethusrwydd gwesty plasty yn y wlad, tra bod ystafelloedd a bwyty anffurfiol trwyddedig i'w cael yn **River Cafe** (*wyevalleycanoes.co.uk/rivercafe*) wrth y bont dros Afon Gwy. Ychydig ar hyd y B4350 i'r Gelli Gandryll mae'r **Harp Inn** (*theharpinn.co.uk*), tafarn draddodiadol gydag ystafelloedd. Am ragor o ddewis, gallwch barhau ymlaen i'r Gelli Gandryll. Mae **Maes Gwersylla Radnors End** dros y bont ar Ffordd Cleirwy (*hay-on-wye.co.uk/radnorsend*). Mae lletyau gwely a brecwast cyfeillgar i feiciau yn cynnwys **Belmont House** (*hay-on-wye.co.uk/belmont*) ar Ffordd Belmont, **Rest for the Tired** (*restforthetired.co.uk*) ar Stryd Lydan, **gwely a brecwast The Bridge** (*thebridgehay.co.uk*) ar Stryd y Bont a **gwely a brecwast St Mary's** (*hay-on-wye.co.uk/stmarys*) ar Ffordd Santes Fair ger yr eglwys.

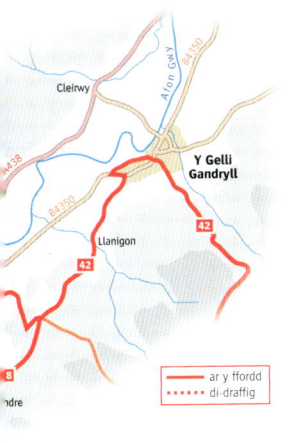

i Gellir cael **gwybodaeth i ymwelwyr** ar Ffordd Rhydychen ger y prif faes parcio yn y Gelli Gandryll.

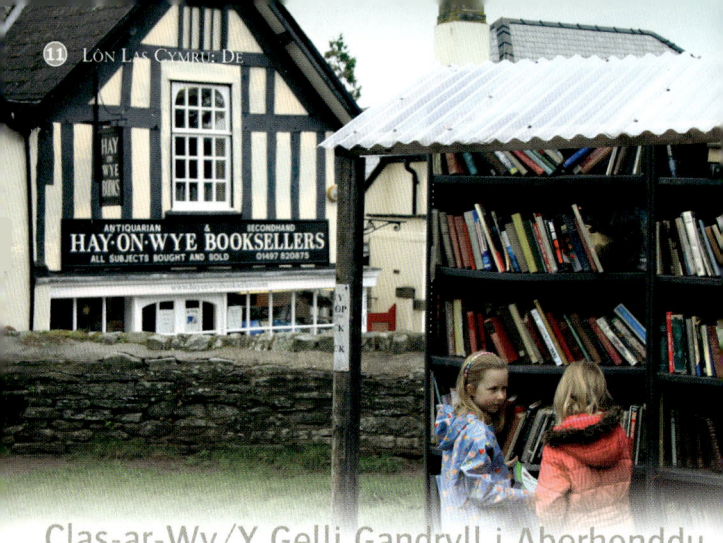

Clas-ar-Wy/Y Gelli Gandryll i Aberhonddu

Pellter 26km/16 milltir **Tirwedd** Lonydd tawel, tonnog gydag un ddringfa sylweddol a serth drwy Lanfilo **Amser** 3 awr **Dringo** 360m

Taith hawdd ar hyd llethrau isaf hardd sgarp gogleddol y Mynyddoedd Du, gyda golygfeydd i'r gogledd ar draws Dyffryn Gwy, yn arwain at adran anoddach i fyny ac i lawr y bryniau rhwng Talgarth ac Aberhonddu.

Mae Clas-ar-Wy yn bentref hyfryd ar lan Afon Gwy. Mae yno westy hardd, y Maesllwch Arms, a'r River Café ardderchog ar y bont dros yr afon, lle gallwch aros a llogi canŵ. Mae hefyd yn ganolfan dda ar gyfer archwilio'r Mynyddoedd Du cyfagos, ac mae'r Gelli Gandryll o fewn cyrraedd hawdd ar hyd Llwybr Cenedlaethol 42, sy'n dechrau 3km ymhellach ar hyd Llwybr 8.

Mae Llwybr 8 yn gadael Clas-ar-Wy ar yr A438 gan groesi'r bont ar draws Afon Gwy. Yma dylech droi i'r dde ac yna i'r chwith ar y ffordd i Felindre i fynd o dan yr hen reilffordd o'r Gelli Gandryll i Aberhonddu. Cadwch lygad am dro i'r chwith ymhen 150m i fyny lôn donnog am 2.5km hyd nes cyrraedd croesffordd ar y ffrodd uchel o'r Gelli Gandryll i Dalgarth.

Yma gall y rheiny sydd am ddilyn Llwybr Cenedlaethol 42 i Gas-gwent fynd i'r chwith ar gyfer y daith 5km i lawr i'r Gelli Gandryll. Mae Llwybr 42 yn mynd â chi am ychydig i fyny drwy bentrefan Ffordd-las cyn disgyn drwy bentref Llanigon i'r B4350, lle'r eir â chi i'r chwith am 300m cyn troi i'r dde ar hyd ffordd gefn, heibio'r castell mwnt a beili ac i fyny i'r dref. I'r rheiny sydd am osgoi'r Gelli Gandryll a wynebu'r her ddringo eithaf, mae'n bosibl mynd yn syth ymlaen yn y groesffordd tuag at Fwlch yr Efengyl, i fyny

◀ Pori yn y Gelli Gandryll

ffordd serth dros ben sy'n mynd yn syth i fyny'r sgarp gogleddol, cyn gwyro i'r chwith ac ymuno â Llwybr 42 tua 2km i'r gogledd o'r bwlch.

Mae Llwybr 8, fodd bynnag, yn troi i'r dde wrth y groesffordd ac yn teithio am 5km ar hyd llethrau isaf mwy hamddenol sgarp gogleddol y Mynyddoedd Du. Mae'r ffordd ar godiad hon yn mynd drwy bentrefan Tre-goed, gyda maes gwersylla Fferm Newcourt y tu hwnt iddo, a heibio i dafarn y Three Horseshoes ym mhentref prydferth Felindre, cyn disgyn i lawr i'r A4087. Yma, ceir tro i'r chwith ar hyd y llwybr beicio ar y palmant am 1.5km, gan fynd â chi i gyrion Talgarth, lle gallwch gymryd gwyriad i'r chwith i ganol y pentref sydd â siop, tafarn a rhai siopau cludfwyd. Er mwyn parhau, ewch ar hyd yr A479 i'r gylchfan ac i lawr i'r B4560 am 400m arall, lle mae arwyddion am isffordd i Lanfilo.

Mae'r lôn wledig, dawel hon yn mynd rhwng gwrychoedd a byddwn yn fuan yn dringo drwy gaeau ar ddringfa gweddol ysgafn 3.5km i bentref Llanfilo. Fodd bynnag, wrth i chi droi i'r chwith drwy Lanfilo mae'r graddiant yn cynyddu'n sylweddol ac yn y fforch wrth yr eglwys gwnewch yn siŵr eich bod yn cadw i'r dde. Eglwys Sant Bilo yw hon ac mae'n werth aros yma i weld a yw hi'n agored – y tu fewn ceir bedyddfaen o gyfnod cyn-Normanaidd a sgrin y grog o'r canol oesoedd. Os nad yw hi'n agored, mae porth y fynwent, sy'n dyddio'n ôl i flynyddoedd cyntaf y ddeunawfed ganrif, yn drawiadol ac yn un o'r rhai hynaf yn y wlad.

O'r fforch i'r dde ceir un ergyd olaf, gan nad yw'r dringo wedi gorffen eto. Mae'r lôn yn troi'n serth yn ylym gan ddring 80m mewn ychydig dros 750m – darn byr a chaled sy'n fwy nag a awgrymir ar y map, ond mae'r olygfa o'r copa yn werth ei gweld. Mae'r ffordd gul donnog hon yn mynd i gyfeiriad y de am yna i'r de am y 3km nesaf i ben bryncyn, lle y mae tro i'r dde ger tŷ o'r enw The Gables yn mynd â chi i'r gorllewin am 3km arall, gan barhau i ddringo'n raddol gyda mwy o bantiau a dringfeydd nag a awgrymir gan y map, hyd nes o'r diwedd y gallwch fynd i lawr a thrwy gyfres o gyffrydd igam-ogam sy'n mynd â chi o dan yr A470 brysur.

Mae'r lôn yn parhau am 2km arall, gan roi golygfeydd gwych o Fannau Brycheiniog, i gyrraedd cylchfan ar gyrion Aberhonddu, lle y bydd troad i'r chwith ar hyd y B4602 yn mynd â chi i lawr i'r dref i gyffordd gyferbyn â cholofnau Amgueddfa Brycheiniog, â chanol y dref ar eich llaw dde.

LÔN LAS CYMRU: DE

Beth i'w weld

❶ Cadeirlan a Chanolfan Treftadaeth Aberhonddu Sefydlwyd yr adeilad hwn o'r unfed ganrif ar ddeg yn wreiddiol fel abaty Benedictaidd, ond dim ond yn yr ugeinfed ganrif y derbyniodd statws eglwys gadeiriol. Mae'r eglwys gadeiriol hon yn gartref i gapel catrodol Cyffinwyr De Cymru ac mae ganddi'r fedyddfaen fwyaf ym Mhrydain.
breconcathedral.org.uk

❷ Amgueddfa ac Oriel Gelf Brycheiniog Wedi ei lleoli yn hen Neuadd y Dref gyda'i ffasâd nodedig o golofnau, mae'r amgueddfa wedi bod yn lleoliad brawdlys o gyfnod Victoria, casgliadau o gelf Cymreig a thoreth o arteffactau lleol, o ganŵod yr Oesoedd Twyll i lwyau caru.
powys.gov.uk

❸ Yr Amgueddfa Gatrodol Cyfle i ddysgu am dros 300 mlynedd o hanes catrodol Cyffinwyr De Cymru a Chatrawd Frenhinol Cymru drwy gyfrwng casgliadau o luniau, lifrai a medalau.
rrw.org.uk/museums

Lle i aros

Rhwng Clas-ar-Wy a Thalgarth, ceir maes gwersylla yn **Fferm Newcourt** (*newcourt-horseriding.co.uk*), ac ychydig cyn pentref Felindre fe ddewch o hyd i lety gwely a brecwast **Acorns** (*acorns-blackmountains.co.uk*). Yn Nhalgarth, mae gan **Gwesty'r Tower** (*towerhotel-talgarth.co.uk*) a redir gan deulu, fwyty, ystafelloedd a byncws ar gyfer grwpiau bach. Ar gyfer gwely a brecwast, rhowch gynnig ar yr **Old Radnor Barn** (*oldradnorbarn.com*) sy'n croesawu beiciau. Yng nghanol Aberhonddu mae digon o letyau ar gael. Mae dewisiadau cyfeillgar i feiciau yn cynnwys **The Bridge Cafe** (*bridgecafe.co.uk*), sy'n cynnig bwyd ac ystafelloedd wedi eu cynllunio'n arbennig ar gyfer cerddwyr a beicwyr, a **The Beacons** (*thebreconbeacons.co.uk*) ar Stryd y Bont, tra ar Lwybr 8 ar gyrion dwyreiniol y dref, ar The Watton, mae **Tŷ Gwesty Paris** (*parisguesthouse.co.uk*) a gaiff ei redeg gan deulu. Ar gyfer gwersylla ceir **Maes Gwersylla Fferm Priory** sydd ar ymyl gogleddol y dref wrth yr afon ar Ffordd y Gelli (*priorymillfarm.co.uk*). Y tu allan i'r dref, mae hostel **YHA Aberhonddu** yn Groesffordd, 3km i'r dwyrain o Aberhonddu (*yha.org.uk*) neu gallech barhau i deithio ychydig tuag at bentref Talybont lle ceir rhagor o ddewisiadau gwersylla a byncws (*gweler tudalen 65*).

Atgyweiriadau a mân ddarnau
Mae gan **Bi-Ped Cycles** ar Stryd y Llong weithdy a staff parod eu cymwynas.

i Mae **canolfan groeso** Aberhonddu wedi ei lleoli ym mhrif faes parcio'r dref, yn Iard y Llew oddi ar Stryd y Llong.

Aberhonddu i Ferthyr Tudful

Pellter 37km/23 milltir **Tirwedd** Di-draffig yn bennaf ar hyd llwybrau tynnu camlas, lonydd tawel a hen linell rheilffordd gyda dringfa fawr a disgyniad drwy Fannau Brycheiniog ar rai adrannau wyneb garw, gan ei wneud yn ddelfrydol ar gyfer beicio anturus fel teulu **Amser** 4-5 awr
Dringo 540m

Mae Llwybr 8 yn cyfuno gyda Thaith Taf ar gyfer un o adrannau mwyaf llawn prydferth Lôn Las Cymru. Wedi dilyn Camlas Sir Fynwy ac Aberhonddu, mae'r ddringfa a'r disgyniad drwy Fannau Brycheiniog yn gwneud defnydd gwych o hen inclein y rheilffordd i fynd â chi i 'brifddinas yr haearn', sef Merthyr Tudful.

Mae Aberhonddu wedi ei defnyddio ers amser fel canolfan ar gyfer y rheiny sydd am archwilio Bannau Brycheiniog, boed hynny ar droed, ar gefn ceffyl neu ar feic. Oherwydd hyn, mae'r dref yn darparu'n eithriadol o dda ar gyfer y rheiny sy'n mwynhau'r awyr agored ac mae digon o ddewis o lety a mannau i fwyta. Mae hi hefyd yn dref bleserus i dreulio ychydig oriau yn archwilio'r eglwys gadeiriol, yr Amgueddfa Brycheiniog eclectig neu gerdded ar lannau Afon Wysg. Ar gyfer beicio, ar y ffordd ac oddi ar y ffordd, mae gan Aberhonddu gyfres sydd bron yn ddiddiwedd o deithiau dydd. Hefyd mae'r dref wedi ei lleoli ar ben gogleddol Taith Taf, llwybr 88km/55 milltir sydd bron yn gyfan gwbl ddi-draffig drwy Ferthyr Tudful i Gaerdydd. Mae Llwybr 8 yn dilyn ei gangen ddwyreiniol sy'n arwain drwy ganol Bannau Brycheiniog.

O ganol y dref, ewch ar hyd Stryd y Llew

ABERHONDDU I FERTHYR TUDFUL

allan o Aberhonddu, i gyfeiriad y dwyrain o amgylch y drefn unffordd. Wedi mynd heibio colofnau Amgueddfa Brycheiniog, mae Llwybr 8 yn troi i lawr Rich Way i'r marina a'r theatr. Yma, ewch o amgylch pen pellaf y theatr i ymuno â Thaith Taf (sydd wedi ei nodi gan arwyddion brown) ar ochr ddeheuol Camlas Sir Fynwy ac Aberhonddu. Rhydd hyn feicio hawdd a hyfryd am y 3.5km nesaf, gan fynd o dan bont ffordd yr A40 i Loc Brynich. Yna mae'r llwybr yn troi i'r dde ar y B4558 dros bont Afon Wysg a dringo'n raddol am 600m, cyn troi i'r dde ar isffordd i bentref hardd Llanfrynach. Hanner ffordd o amgylch y fynwent fawr, a chyn tafarn y White Swan, trowch i'r dde ar lôn donnog sy'n arwain ymhen 2.5km i Bencelli a'r B4558, lle ceir maes gwersylla taclus a hwylus Castell Pencelli.

Yma trowch i'r dde dros godiad ac i lawr am 1.5km i'r droad ar y dde wrth gofeb rhyfel tuag at Gronfa Ddŵr Talybont (os ydych yn mynd i letty am mhentref Talybont, ewch syth ymlaen). Mae'r ffordd yn codi ac yn disgyn i fyny'r dyffryn ar ei ffordd drwy bentref Aber, ond erbyn i chi gyrraedd Cronfa Ddŵr Talybont gallwch synhwyro bod prif ddringfa'r dydd eisoes wedi cychwyn. Mae'r llwybr yn troi i'r chwith ar draws argae'r gronfa ac, ar yr ochr bellaf, yn troi i'r dde i ddilyn trac graean cywasgedig hen Reilffordd Cyffordd Aberhonddu a Merthyr am 7.5km gan ddringo 180m, sy'n gwneud y ddringfa yn un digon hawdd er yn hir, gan fynd heibio mynedfa ogleddol hen Dwnnel Torpantau. Yma mae'r graddiant yn cynyddu am gyfnod drwy blanhigfa coedwig i gyrraedd y ffordd fynydd o Glyn Collwyn.

Mae'r llwybr yn troi i'r chwith ar hyd y ffordd dros y pwynt uchaf 439m ac yn disgyn am 500m i fynedfa ddeheuol Twnnel Torpantau a maes parcio bychan, lle mae'n gwyro i'r dde i Goedwig Taf Fechan, i lawr llwybr mwy garw i faes parcio is. Yma rydych yn ailymuno â'r ffordd unwaith eto, gan droi i'r chwith dros nant ac yna cyfres o godiadau byr wrth ochr Cronfa Ddŵr Pentwyn, a adeiladwyd yng nghanol y ddeunawfed ganrif er mwyn cyflenwi dŵr glân i drigolion Merthyr Tudful yn dilyn achos o golera, i gyrraedd pen gogleddol Cronfa Ddŵr Pontsticill. Ar y pwynt hwn, mae Taith Taf yn cadw i'r dde i mewn i'r goedwig am gylch 3.5km sy'n cynnwys dringfa 100m ar draciau garw (wedi 1km, gwnewch yn siwr eich bod yn cadw i'r dde wrth gyffordd y trac) cyn ailymuno â'r ffordd ychydig uchlaw pentref Pontsticill – addas iawn ar gyfer beic mynydd ac yn bosibl mynd ar ei hyd os ydych ar feic teithio llwythog, er bod dewis gennych i barhau ar hyd y ffordd.

Ychydig uwchben Pontsticill, lle saif tafarn gyfeillgar y Red Cow, mae Llwybr 8 yn disgyn yn serth ar draws pen deheuol y gronfa ddŵr cyn mynd ar hyd y ffordd ar yr ochr gyferbyn â Cwm Taf Fechan a dan bont rheilffordd i

◀ Aberhonddu

143

LÔN LAS CYMRU: DE

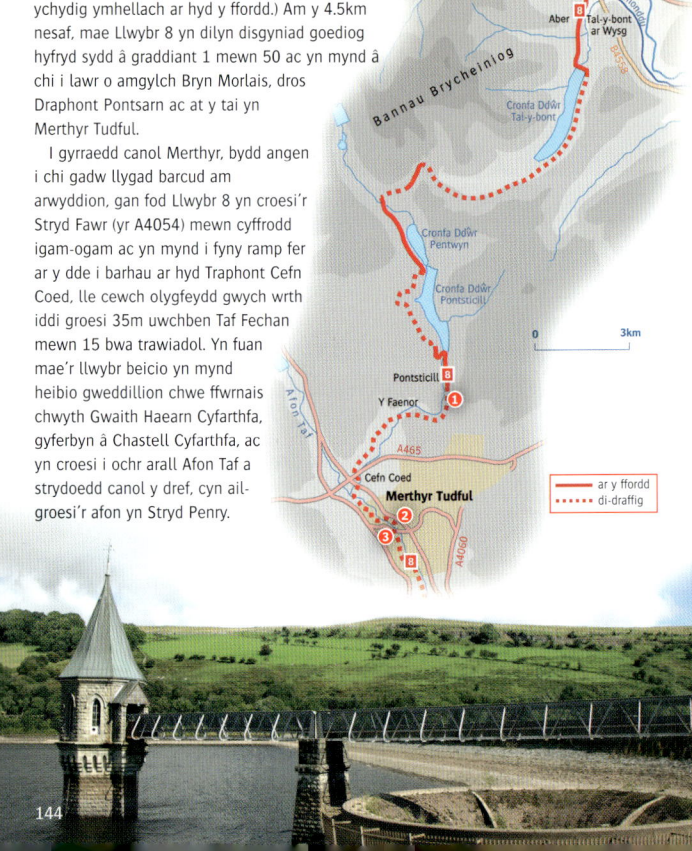

ymuno â llwybr beicio di-draffig unwaith yn rhagor ar hen reilffordd Aberhonddu i Ferthyr. (Ar y pwynt hwn gallwch fynd ar wyriad i Reilffordd Mynydd Aberhonddu, sy'n cychwyn yng Ngorsaf Pant ychydig ymhellach ar hyd y ffordd.) Am y 4.5km nesaf, mae Llwybr 8 yn dilyn disgyniad coediog hyfryd sydd â graddiant 1 mewn 50 ac yn mynd â chi i lawr o amgylch Bryn Morlais, dros Draphont Pontsarn ac at y tai yn Merthyr Tudful.

I gyrraedd canol Merthyr, bydd angen i chi gadw llygad barcud am arwyddion, gan fod Llwybr 8 yn croesi'r Stryd Fawr (yr A4054) mewn cyffrodd igam-ogam ac yn mynd i fyny ramp fer ar y dde i barhau ar hyd Traphont Cefn Coed, lle cewch olygfeydd gwych wrth iddi groesi 35m uwchben Taf Fechan mewn 15 bwa trawiadol. Yn fuan mae'r llwybr beicio yn mynd heibio gweddillion chwe ffwrnais chwyth Gwaith Haearn Cyfarthfa, gyferbyn â Chastell Cyfarthfa, ac yn croesi i ochr arall Afon Taf a strydoedd canol y dref, cyn ail-groesi'r afon yn Stryd Penry.

ABERHONDDU I FERTHYR TUDFUL

Ar y ffordd i Ferthyr ▲

Beth i'w weld

❶ Rheilffordd Mynydd Aberhonddu
Nid oes ffordd well i gael golygfa fwy hamddenol o Fannau Brycheiniog na mynd ar y locomotif stêm o Orsaf Pant i ben gogleddol Cronfa Ddŵr Taf Fechan ac yn ôl. *breconmountainrailway.co.uk*

❷ Castell Cyfarthfa Adeiladwyd y plasty castellog hwn ym 1824 gan y 'Meistr Haearn' William Crawshay, a wnaeth ei ffortiwn o'r gwaith haearn yr oedd yr adeilad yn edrych i lawr arno. Yn yr islawr ceir amgueddfa benodol ar gyfer hanes terfysglyd Merthyr.

❸ Bwthyn Gweithiwr Haearn Joseph Parry
Enwog fel man geni Dr Joseph Parry, o bosibl cerddor a chyfansoddwr mwyaf adnabyddus Cymru, mae'r bwthyn wedi ei adfer a'i ddodrefnu'n ofalus i roi golwg ar fywyd gweithiwr haearn crefftus yn y 1840au. *merthyr.gov.uk/museum*

Lle i aros
Mae **Maes Carafanau a Gwersylla Castell Pencelli** (*pencelli-castle.com*) yn cynnig gwersylla cyffordddus. Ychydig ymhellach ymlaen, ym mhentref Talybont, mae bwyd da i'w gael yn **Nhafarn a Byncws y White Hart Inn** (*breconbunkhouse.co.uk*), ac mae maes gwersylla bychan cyfeillgar i'w gael yn **Fferm Talybont**. Ym Merthyr mae digon o opsiynau cyfeillgar i feiciau, yn cynnwys **Tafarn y Tredegar Arms** (*tredegararmshotel.co.uk*) ychydig o ffordd allan ar gyrion dwyreiniol y dref ac, ar y Stryd Fawr, y mae **Gwesty'r Imperial** (*imperial-hotel.org.uk*).

Atgyweiriadau a mân ddarnau
Mae **Taff Vale Cycles** yn Georgetown ym Merthyr Tudful, ger Parc Manwerthu Cyfarthfa.

ℹ️ Mae'r **ganolfan groeso** ym Merthyr Tudful ar Stryd Glebeland, oddi ar y Stryd Fawr.

◀ Cronfa Ddŵr Pontsticill

Merthyr Tudful i Gaerdydd

Pellter 46.5km/29 milltir Tirwedd Hawdd, beicio yn bennaf ar hyd cyfres di-draffig o lwybrau beicio wedi eu cysylltu ar hyd Cwm Taf Amser 3 awr Dringo 90m

Mae adran olaf Llwybr 8 yn mynd drwy un o rannau mwyaf hanesyddol a diwydiannol De Cymru ar ei lwybr syndod o ddeiliog i'r brifddinas, Caerdydd. Pa un a ydych ar ddiwedd taith diwrnod neu yn dod i derfyn taith 5 diwrnod, mae'r diwedd ym Mae Caerdydd yn hyfryd.

O ganol Merthyr Tudful, lle mae Llwybr 8 yn croesi Afon Taf ar Ffordd Penry, mae'r daith yn mynd i gyfeiriad y de ar lwybr beicio di-draffig i lawr i ochr orllewinol y dyffryn sy'n troi'n gynyddol debyg i geunant. Wrth iddo nadreddu ei ffordd i fyny dwy ochr y dyffryn cewch gipolwg ar yr aneddiadau a adeiladwyd i letya'r gweithwyr a ddaeth i'r ardal hon pan oedd yn ei hanterth diwydiannol yn y ddeunawfed a'r bedwaredd ganrif ar bymtheg. Wedi 6km byddwch yn mynd heibio tai Aberfan, lle mae angen i chi gadw ar y llwybr beicio uchaf. Cadwch lygad am droad annisgwyl i'r dde sy'n mynd â chi o dan yr A470 ac yna i'r chwith am 1.5km yn gyfochrog â'r ffordd gyflym hon, er yn dal ar lwybr beicio. Nesaf trowch yn gyflym i'r chwith i lawr cyfres o risiau wrth ochr piben fawr, trwy danlwybr arall yn ôl o dan yr A470. Rydych nawr yn disgyn i lawr i bont gerrig brydferth, Pont y Gwaith, dros yr Afon Taf a dringfa fer ond serth i linell Tramffordd Penydarren, y teithiwyd arni ym 1804 gan locomotif arloesol Trevithick o Ferthyr i Abercynon.

Yma mae Llwybr 8 yn troi i'r dde ac yn dilyn y cyn dramffordd drwy geunant â'i ochrau serth coediog, gydag ambell i gipolwg ar yr afon islaw – bydd angen i chi gadw llygad yma am yr hen drawstiau rheilffordd yng ngwely'r llwybr. Ymhen 2km byddwch yn croesi Afon Taf dros y gyntaf o ddwy bont

◀ Canol tref Merthyr

gerrig wrth i chi fynd heibio i Edwardsville. Y bont gyntaf oedd lleoliad y trychineb ym 1815 pan ddymchwelodd wrth i drên ei chroesi. Cyn yr ail bont byddwch yn croesi Heol Coed-Goetre, lle mae Llwybr Cenedlaethol 47, y Lôn Geltaidd, yn gwyro i'r chwith ar ei ffordd i Gasnewydd. Gallwch ddefnyddio hwn i greu gwyriad dros yr A4054 i bentref Mynwent y Crynwyr, y mae ei enw yn hannu o'r man claddu gerllaw ar gyfer Cymdeithas y Cyfeillion. Oddi yma mae'r dramffordd yn mynd â chi ar lôn i Abercynon, a gallwch weld tai'r dref yn llenwi ochr arall y dyffryn, a chyffordd â'r B4275, lle ceir troad i'r chwith sy'n mynd â chi i dafarn Navigation House.

Ar y pwynt hwn, lle bu arwyddion gwyriad ers cryn amser, mae Llwybr 8 yn troi i'r dde i Deras Martins ac yn ymuno â'r llwybr beicio di-draffig ger y maes chwarae. Wedi'r meysydd chwarae rydych yn parhau yn syth ymlaen heibio'r gyffordd â Llwybr 47, y Lôn Geltaidd, ac ar hyd lein cyn Reilffordd Cwm Taf am 2km i gyrraedd strydoedd Pontypridd. Cadwch lygad am droad i'r dde ar hyd Stryd Bonvilston a dilynwch yr arwyddion ar hyd y drefn unffordd i Stryd y Gorllewin. Yna trowch i'r chwith i Fish Lane, sy'n mynd â chi i lawr i fynedfa Pac Ynysangharad, gydag EC Cycles yn gyfleus ar draws y ffordd.

Mae Llwybr 8 yn parhau drwy'r parc deiling hwn a'i lawntiau taclus, lle dylech gadw at yr ymyl chwith. Ar y dde mae Cofeb James sy'n coffau'r tad a'r mab a gyd-gyfansoddodd Hen Wlad Fy Nhadau, anthem genedlaethol Cymru. Yng nghornel pellaf y parc, lle rydych yn cyfarfod Afon Taf, trowch i'r chwith tuag at Glyn-taf. Yma mae Llwybr Cenedlaethol 4 yn ymuno o'r dde cyn belled â Nantgarw. Dilynwch Afon Taf at bont droed dros yr A470, trowch i'r dde ar hyd Heol Pentrebach (A4054) ac yna i'r chwith i fyny heibio adeiladau Prifysgol Morgannwg a mynwent ac amlosgfa Glyn-taf.

Caiff y lle hwn ei gofio oherwydd ei gysylltiad ofnadwy â Dr William Price, archdderwydd hynod o'r bedwaredd ganrif ar bymtheg, a amlosgodd ei fab ar adeg pan oedd yr arfer yn anghyfreithlon. Wedi hyn cafodd ei ryddfarnu mewn achos a ddaeth yn un tirnod ar gyfer sefydlu amlosgi. Fodd bynnag, yr hyn sy'n llai adnabyddus yw bod William Price, ar adeg yr achos, wedi bod yn llawfeddyg, diwygiwr cymdeithasol a chymwynaswr ers tipyn, a chaiff ei waith da ei goffau erbyn hyn gan blât glas yn y Tŷ Crwn yng Nglyn-taf. Bu farw William Price ym 1893 a chafodd ei amlosgi.

Ychydig cyn eglwys y fynwent, trowch i'r dde a mynd ar hyd llwybr beicio coediog a di-draffig. Am y 5km i Nangarw mae'n cadw draw o lawr diwydiannol y cwm drwy ddilyn lein cyn Reilffordd Dociau Alexandra, a

LÔN LAS CYMRU: DE

adeiladwyd yn ail hanner y bedwaredd ganrif ar bymtheg er mwyn cludo glo i Gasnewydd. Yn Nantgarw mae Llwybr 4 yn fforchio i'r chwith i Gaerffili, tra bod Llwybr 8 yn disgyn i lawr drwy ardal o dai, ar draws yr A468 brysur, ac ar y llwybr beicio am 2km arall, dros yr A470 unwaith eto ac ymlaen i FfynnonTaf, gyda Chastell Coch fry ar y llethrau serth ar y chwith. Nawr mae'r llwybr yn mynd drwy Dongwynlais, lle mae troad i'r dde yn mynd â chi o dan yr A470, i lawr at Afon Taf ac yna o dan yr M4.

Ar gyfer y 12km olaf i Gaerdydd, mae Llwybr 8 yn dychwelyd at Afon Taf, sy'n ffurfio rhodfa werdd wedi ei hamgylchynnu gan adrannau hyfryd o goetir a pharcdir sy'n mynd â chi i ganol y brifddinas. Yn gyntaf byddwch yn mynd heibio mynedfa Parc Gwledig Fferm y Fforest, yna i Barc Hailey. 1km wedi Cadeirlan Llandaf, sydd ar ochr arall yr afon, gwnewch yn siwr eich bod yn croesi'r bont grog i lan gorllewinol yr afon. Oddi yma mae caeau Pontcanna yn arwain i Barc Bute, a thu hwnt i hwn byddwch yn mynd heibio tirnod enwog Stadiwm y Mileniwm, ac yna'r orsaf rheilffordd i gyrraedd datblygiadau newydd ac uchel Bae Caerdydd. Mae gan Lwybr 8 un gwibiad olaf wrth iddo fynd o amgylch ymyl ardal y bae cyn cylchu i'r chwith i ddiweddu ar y llwybr estyllod sy'n edrych dros Fae Caerdydd wrth lan y dŵr yn y Cylch Celtaidd, cerflun efydd rhyngweithiol gan Harvey Wood sy'n coffau hanes morol hen Ddociau Caerdydd.

148

Merthyr Tudful i Gaerdydd

ar y ffordd
di-draffig

Beth i'w weld

❶ Amgueddfa Pontypridd
Olrheiniwch hanes Anghydffurfiaeth Gymreig gartref a thramor drwy raglenni clywedol, mapiau a ffotograffau. *pontypriddtown.co.uk*

❷ Castell Coch Adeiladwyd Castell Coch ger Tongwynlais yn ystod y 1870au ar sylfeini strwythur canoloesol cynharach, fel encilfa wledig i Drydydd Marcwis Bute a oedd yn gyfoethog dros ben. Mae caffi da i'w gael yn y castell 'tylwyth teg'. *cadw.wales.gov.uk*

❸ Castell Caerdydd Er bod y safle wedi bod yn gaerog am dros 2000 o flynyddoedd, mae'r castell fel y'i gwelir heddiw yn bennaf yn waith Trydydd Marcwis Bute a'i bensaer William Burges. Gan borthi ei diddordeb cryf mewn seryddiaeth, symbolaeth grefyddol a phensaernïaeth Gothig, creodd y Marcwis fyd ffantasi trawiadol o fewn muriau'r castell. *cardiffcastle.com*

❹ Canolfan Ymwelwyr Bae Caerdydd Fe'i hadweinir yn lleol fel 'Y Tiwb'. Mae'r strwythur hirgrwn hwn yn cynnwys model ar raddfa fawr o'r Bae a thrwy ei arddangosfeydd mae'n adrodd hanes adfywiad y dociau. *cardiff.gov.uk*

Castell Caerdydd ▸

Lle i aros

Mae gan **Ganolfan Ddringo Ryngwladol Cymru** (*summitcentre.co.uk*), sydd ychydig oddi ar y llwybr yn Nhreharris, ystafelloedd teulu. Os ydych eisiau gwely a brecwast cyn cyrraedd cyrion Caerdydd, rhowch gynnig ar **Fferm Gelynis** (*gelynisfarm.co.uk*) yn Nhreforgan ychydig i'r gogledd o'r M4. Fel y byddech yn ei ddisgwyl yng Nghaerdydd, mae ystod eang iawn o lety. Gallai fod yn werth gweld beth sydd i'w gael ar Heol y Gadeirlan ym Mhontcanna, gyferbyn â Pharc Bute, lle ceir nifer o Dai Gwesty. Opsiynau i rai sydd ar gyllideb dynn wrth ymyl Stadiwm y Mileniwm yw **Tŷ Gwesty Austin** (*hotelcardiff.com*) ar Deras Coldstream, **Hostel Stiwdio NosDa** (*nosda.co.uk*) ar Stryd Despenser, a **River House Backpackers** (*riverhousebackpackers.com*) ar Arglawdd Fitzhamon. Mae **Hostel Ieuenctid Caerdydd** (*yha.org.uk*) i'r gogledd o ganol y ddinas ger Parc y Rhath.

Atgyweiriadau a mân ddarnau

Ym Mhontypridd ewch am **Extreme Culture Cycles** ar Stryd y Bont. Yng Nghaerdydd, o fewn cyrraedd hawdd i'r llwybr mae **The Bike Shed** ar Heol y Gadeirlan, **Cyclopaedia** ar Heol Crwys a **Sunset Mountain Bikes** ar Heol Woodville.

i Mae **canolfan groeso** Pontypridd wedi ei lleoli yn Amgueddfa Pontypridd ar Stryd y Bont. Yng Nghaerdydd, ewch i Ganolfan Ymwelwyr Bae Caerdydd yn Y Tiwb ar Rodfa'r Harbwr.

Y Gelli Gandryll i'r Fenni

Pellter 34km/21 milltir **Tirwedd** Dringfa hir a serth drwy'r Mynyddoedd Du, yna lonydd gwledig i'r Fenni **Amser** 4 awr **Dringo** 560m

Mae un o adrannau mwyaf dramatig a heriol Lôn Las Cymru yn mynd a chi dros Fwlch yr Efengyl uchel ac i lawr Dyffryn Euas yng nghanol y Mynyddoedd Du.

Saif tref Gelli Gandryll yn union ar y ffin rhwng Cymru a Lloegr, a hynny'n llythrennol gan fod canol a rhannau gorllewinol y dref yng Nghymru, tra bod rhai tai yn y rhan ddwyreiniol yn Lloegr. Mae siopau llyfrau wedi dominyddu'r dref am rai degawdau, ond mae wedi bod yn dref farchnad ers amser maith ac mae ganddi hyd yn oed ei chastell Normanaidd ei hun, er bod hwn hefyd wedi ei drawsnewid yn siop lyfrau. Ar ddiwedd mis Mai bydd y dref yn cynnal Gŵyl Lenyddol y Gelli Gandryll, ond ar adegau y tu allan i'r pythefnos neilltuol brysur hwn mae'r dref yn ganolfan ardderchog ar gyfer beicio a gweithgareddau awyr agored, gyda bryniau'r Mynyddoedd Du a lletrau mwynach ac is Dyffryn Gwy yn cynnig teithiau dydd ar gyfer beicwyr o bob gallu.

I barhau ar hyd Lôn Las Cymru, sydd nawr yn dilyn arwyddion Llwybr 42, ewch ar y B4350 tuag at Glas-ar-Wy, gan fynd i gyfeiriad y de allan o'r Gelli Gandryll, a throwch i'r chwith i Heol Fforest i gyfeiriad Capel-y-ffin. Yn fuan byddwch yn dringo'r ddringfa hir i Fwlch yr Efengyl, i fyny ffordd gul â gwrychoedd o boptu a Nant Dulas yn lawr yn y dyffryn islaw ar y chwith. Mae'r lôn yn nadreddu ac yn dringo ei ffordd i fyny

LÔN LAS CYMRU: DE

llethrau gogleddol Penybegwn (Hay Bluff) am 3km nes y daw at fforch yn y ffordd, lle mae Llwybr 42 yn cadw i'r dde.

Ychydig y tu hwnt i grid gwartheg mae'r graddiant yn mynd yn fwy serth ac yn dod â chi i'r llethrau mwy agored wedi eu gorchuddio â rhedyn. Oddi yma cewch olygfeydd cynyddol dda yn ôl i lawr i'r Gelli Gandryll a Dyffryn Gwy ac ymlaen i Fannau Brycheiniog ar y nenlen. Mae'r ffordd fynydd yn parhau'n daith sy'n dringo i fyny sgarp gogleddol dramatig y Mynyddoedd Du, gyda chopa poblogaidd Penybegwn i fyny ar y chwith. Bydd angen cryn stamina a phen am uchder ar gyfer yr adran hon gan ei bod yn 4km i'r pwynt uchel ac mae cwymp cynyddol serth ar y llaw dde. Y ffordd sy'n ymuno o'r dde hanner ffordd i fyny, ar ôl 2km, yw'r ddolen llwybr tarw serth iawn o Lwybr 8

152   Bwlch yr Efengyl ▶

uwchlaw Clas-ar-Wy (*gweler tudalennau 138-139*).

Bwlch yr Efengyl agored yw pwynt uchel Llwybr 42, sef 538m. Yn wir, hwn hefyd yw'r pwynt uchaf ar Lôn Las Cymru ar gyfer y rheiny sy'n gorffen yng Nghas-gwent. Mae'r enw, Bwlch yr Efengyl, yn coffau'r chwedl fod Gerallt Gymro wedi mynd heibio'r ffordd hon yn y ddeuddegfed ganrif. Nawr mae'n fan lle bydd pobl yn dod i weld y golygfeydd neu yn ei groesi ar draws rhwng copaon Twmpa a Phenybegwn.

Mae'r disgyniad 4km i Gapel-y-ffin yn parhau ar ffordd fynydd gul. I ddechrau mae'n weddol serth, gyda'r cwymp y tro hwn ar eich llaw chwith ac, felly, ar feic rydych yn teimlo ychydig yn fwy agored, ond yn fuan byddwch yn nadreddu i lawr y llethrau coediog uwchlaw tarddiad Nant Honddu, gyda golygfeydd cynyddol agored i lawr y Dyffryn Euas lledrithiol. Erbyn heddiw mae Capel-y-ffin yn bentrefan tawel, gyda fferm, rhai bythynnod a dau gapel wrth fan cyfarfod dwy nant fynyddig. Mae'n werth aros yma i edrych o gwmpas eglwys fechan y Santes Fair a'i chlochdy cam.

O Gapel-y-ffin, mae Llwybr 42 yn parhau i lawr y dyffryn am 5.5km i Landdewii Nant Honddu (Llanthony), gan fynd heibio Gwesty yr Half Moon ychydig cyn y lôn sy'n mynd ag ymwelwyr i fyny i adfeilion Abaty Llanddewi Nant Honddu. Mae'r adeilad crefyddol hwn, a sefydlwyd yn y ddeuddegfed ganrif gan fynachod Awstinaidd, wedi ei gysegru i Dewi Sant, sydd wedi ei goffau yn enw'r Cymraeg y pentref.

O Landdewi Nant Honddu, byddwch yn teithio 8km arall ymhellach i lawr Dyffryn Euas, dros ambell bant a bryn wrth i'r llwybr fynd trwy gaeau a heibio ffermydd, gyda chlogwyn creigiog Mynydd y Gader ar y llaw chwith. Wrth i ochrau'r dyffryn gulhau am ychydig, byddwch yn mynd heibio tafarn y Queen's Head cyn mynd drwy Stanton. Ychydig llai na 1km heibio'r pentref bychan hwn, gofalwch rhag ymgolli yng ngolygfeydd llethrau gorllewinol Ysgyryd Fawr, yn hytrach cadwch lygad am dro i'r dde wrth Fferm Lower Stanton. (Fodd bynnag, os ydych yn chwilio am luniaeth cyn y Fenni, gallech barhau'n syth ymlaen am 1.5km i bentref Llanfihangel Crucornau, lle ceir siop fechan a thafarn y Skirrid Mountian).

Mae Llwybr 42 nawr yn mynd i gyfeiriad y de am 1km ar lôn wledig gul, dros fryncyn ac i lawr at gyffordd, lle ceir troad i'r dde a aiff â chi i gyfeiriad Y Fenni. Oddi yma mae 6km olaf yr adran hon yn mynd â chi ar ffordd donnog sy'n teithio drwy bentrefan Penyclawdd, gyda golygfeydd da i'ch chwith o'r Ysgyryd Fawr, ac yna Pantygelli. (Os ydych am osgoi'r Fenni, ymhen 1.5km cadwch lygad am lwybr tarw i'r chwith sy'n mynd drwy Landeilo Bertholau ac yn cysylltu â Llwybr 42 unwaith eto yn Nhredilion.)

Bydd rhan olaf y daith ar hyd Hen Ffordd Henffordd i'r Fenni, gyda golygfeydd gwych o'r Blorens, yn rhoi ysbaid haeddiannol ar yr adran fryniog hon. Cyn canol y dref ei hun, ychydig heibio i'r ysgol uwchradd, cadwch lygad am yr arwyddion glas wrth i Lwybr 42 droi i'r chwith a thorri trwodd i Gilgant y Parc, cyn mynd ar hyd Rhodfa'r Parc i Ffordd y Parc, ac o groesi hon fe ddewch i ganol y dref. Ar y pwynt hwn, er mwyn pasio drwy ganol y dref, bydd angen i chi droi i'r chwith, yna i'r dde ac ychydig ymhellach ymlaen i groesi'r Stryd Fawr, sydd wedi ei neilltuo'n rhannol i gerddwyr, a mynd ar hyd Stryd Neville, lle mae tro i'r chwith yn arwain at lwybr beicio o amgylch Castell y Fenni, a'r gyffordd gyda Llwybr 46, ac i Stryd y Felin gyferbyn â'r ganolfan groeso a'r orsaf fysiau ar Stryd y Groes.

Y Gelli Gandryll i'r Fenni

Beth i'w weld

❶ Abaty Llanddewi Nant Honddu
Abaty Awstinaidd trawiadol, er yn adfail, wedi ei amgylchynu gan esgeiriau uchel y Mynyddoedd Du. Mae bar a gwesty wedi eu hymgorffori yn yr adeiladau. *cadw.wales.gov.uk*

❷ Amgueddfa a Chastell Y Fenni
Cyfle i ddysgu mwy am dref Y Fenni a hanes Cymru. Yma ceir arddangosfeydd parhaol ac arddangosfeydd dros dro rheolaidd. *abergavennymuseum.co.uk*

❸ Eglwys y Santes Fair Ysgubor ddegwm a adferwyd yn ddiweddar, mae'r adeilad yn dyddio o'r ddeuddegfed ganrif ac erbyn heddiw mae'n gartref i Dapestri'r Fenni. *stmarys-priory.org*

Lle i aros

Mae nifer o wersylloedd yn Nyffryn Euas, yn cynnwys maes gwersylla **Fferm Court** yn Llanddewi Nant Honddu. Yn Y Fenni, ymhlith y dewisiadau gwely a brecwast mae **The Market Tafarn** (*markettafarn.co.uk*) ar Stryd y Llew (gydag opsiwn neuadd gysgu), **Tŷ Gwesty'r Park** (*parkguesthouse.co.uk*) a **Thŷ Gwesty'r Black Lion** (*blacklionaber.co.uk*), y ddau ar Heol Henffordd. Dewis da arall yw **Mulberry House** (*mulberrycentre.com*), hostel fawr cysylltiedig â'r YHA yn Pen Y Pound.

Atgyweiriadau a mân ddarnau

Ewch am **M&D Cycles** ar Stryd Frogmore neu **Gateway Cycles** ar Ffordd Aberhonddu yn y Fenni.

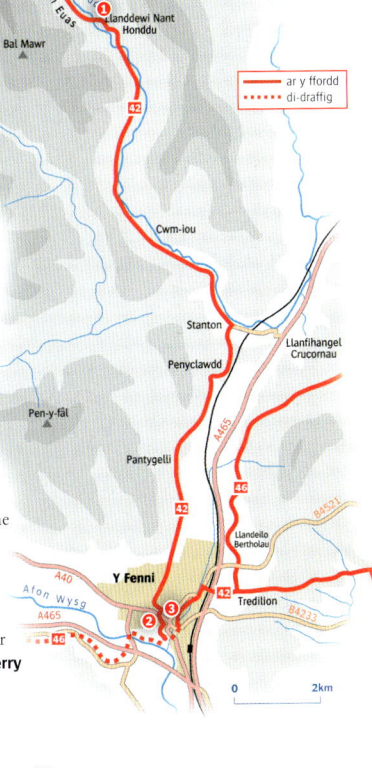

i Mae'r **ganolfan groeso** yn y Gelli Gandryll ar Ffordd Rhydychen ac, yn Y Fenni, ar Ffordd Trefynwy.

Y Fenni i Gas-gwent

Pellter 46.5km/29 milltir **Tirwedd** Adran llawn golygfeydd ond anodd sy'n mynd ar hyd lonydd gwledig a dwy ddringfa sylweddol **Amser** 4-5 awr **Dringo** 710m

Yn unol â chymeriad Lôn Las Cymru, mae'r adran hon yn rhoi'r her olaf a byddwch yn croesi drwy ran o gefn gwlad mwyaf godidog y llwybr cyfan. Byddwch yn dringo drwy ffermdir a phentrefi i gyrraedd Dyffryn Wysg eang cyn mynd i'r afael â'r ddringfa olaf i Ddyffryn Gwy a thref hanesyddol Cas-gwent.

Mae gan y wlad o amgylch y Fenni lawer i'w gynnig i feicwyr. Mae wedi ei lleoli ar ymyl dwyreiniol Parc Cenedlaethol Bannau Brycheiniog, gyda'r Mynyddoedd Du yn taflu eu cysgod dros y dref i'r gogledd, tra i gyfeiriad y de mae'r Blorens trawiadol yn nodi dechrau ardal eang o rostir. Os ydych yn chwilio am brofiad beicio ychydig mwy hamddenol, gellir cael peth gwastadedd a phosibiliadau addas i'r teulu ar lannau Camlas Sir Fynwy ac Aberhonddu. Hefyd, mae Llwybr Cenedlaethol 46 yn mynd trwy'r dref ar ei ffordd o arfordir De Cymru yng Nghasnewydd neu Gastell-nedd tuag at Droitwich yng Nghanolbarth Lloegr.

O'r orsaf fysiau yn Cross Steeet ar ben isaf Y Fenni, mae Llwybr 42 yn gadael y dref i gyfeiriad Afon Gafenni. Yma, gyda dewis o lwybrau, trowch i'r chwith, naill ai drwy'r parc, neu dros y bont ar hyd Heol Hollywell, cyn troi i'r chwith ar hyd Stryd y Mynach ac i'r dde i fyny Heol Ross i'r B4521. Ar y gyffordd hon ewch yn syth ymlaen am 200m cyn troi i lawr Heol Tredilion ac o dan bont rheiffordd a phontydd priffordd yr A465.

Wedi hyn mae'r ffordd yn troi'n lôn goediog gul ac yn mynd i gyfeiriad y dwyrain,

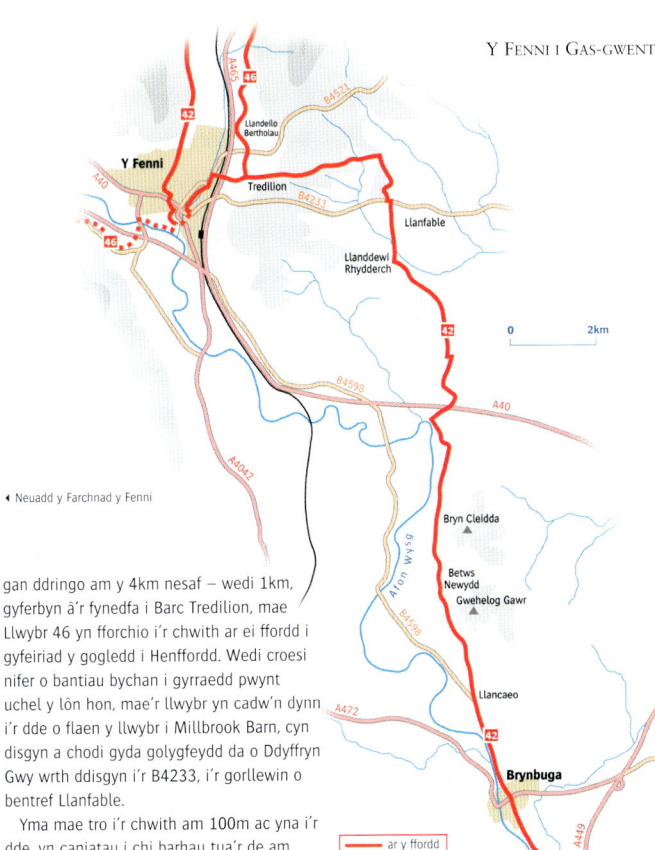

Y Fenni i Gas-gwent

◀ Neuadd y Farchnad y Fenni

gan ddringo am y 4km nesaf – wedi 1km, gyferbyn â'r fynedfa i Barc Tredilion, mae Llwybr 46 yn fforchio i'r chwith ar ei ffordd i gyfeiriad y gogledd i Henffordd. Wedi croesi nifer o bantiau bychan i gyrraedd pwynt uchel y lôn hon, mae'r llwybr yn cadw'n dynn i'r dde o flaen y llwybr i Millbrook Barn, cyn disgyn a chodi gyda golygfeydd da o Ddyffryn Gwy wrth ddisgyn i'r B4233, i'r gorllewin o bentref Llanfable.

Yma mae tro i'r chwith am 100m ac yna i'r dde, yn caniatau i chi barhau tua'r de am 1.3km i lawr i bentref Llanddewi Rhydderch. Ar ôl mynd heibio ardal hamdden y pentref mae'r lôn yn dechrau dringo mewn pyliau ac, ymhen 1.5km, bydd angen i chi gadw llygad barcud am dro i'r dde i Penpergwm. Ymhen 800m arall, ar dro tynn, gellir hefyd yn hawdd methu'r tro i'r chwith am Goed Morgan. Mae'r lôn hon yn arwain i lawr i gyffordd, lle mae tro i'r dde dros ffordd ddeuol brysur yr A40, yna i'r chwith am 800m ar hyd y ffordd brysurach tuag at Rhaglan, yn dod â chi i dro i'r dde gyferbyn â gatiau urddasol Tŷ Clytha sy'n gartref preifat.

Nawr mae Llwybr 42 yn dilyn lôn sy'n

157

LÔN LAS CYMRU: DE

rhedeg yn gyfochrog ag Afon Wysg, wrth iddi ddringo am 2.5km drwy barcdir ac i fyny i bentref Betws Newydd, sy'n crogi ar ochr y bryn uchlaw Dyffryn Wysg wrth iddo ledu, cyn disgyn i gyffordd â'r B4598. Bydd tro i'r chwith ar hyd glan yr afon yn mynd â chi'n fuan i ganol Brynbuga ei hun. Yma gallwch ail-gyflenwi eich nwyddau yn yr archfarchnad leol, neu dreulio ychydig rhagor o amser ac ymweld â Chastell Brynbuga a'r Amgueddfa Bywyd Gwledig, neu fynd am dro o gwmpas y dref brydferth hon a thros y gweirgloddiau wrth ymyl Afon Wysg.

Mae Lôn Las Cymru yn gadael Brynbuga gan fynd i gyfeiriad y de ar Stryd Maryport ac ar lan Afon Wysg am y 3km nesaf, cyn gwyro i'r chwith yn Llanllywel o dan yr A449. Mae'r dringo a'r disgyn ysgafn ar draws pant yn arwain at ddechrau dringfa gynyddol o 200m dros 2.5km, i fyny i ymyl gogleddol Coed Gwent. O'r diwedd mae'r llethr yn troi'n fwy gwastad wedi tro amlwg i'r chwith, ond bydd angen i chi gadw llygad am dro i'r chwith ar groesffordd igam-ogam i Drenewydd Gelli Farch. Mae'r lôn hon yn caniatáu i chi anadlu'n esmwyth am gyfnod wrth iddi ddisgyn am tua 3.5km o amgylch ymyl gogleddol Coed Gwent. Fodd bynnag, yn fuan bydd angen eich coesau unwaith yn rhagor wrth i'r llwybr gadw i'r dde a dechrau ar ddringfa 3km, yn serth i gychwyn, er yn uwch i fyny i'r lôn mae'r llwybr yn un mwy tonnog, trwy Frynawel i gyffrodd ar ben y grib lydan.

Yma, wedi troi i'r dde, cewch olygfeydd agored ar draws aber Afon Hafren a'r cipolwg cyntaf ar adeiladau Cas-gwent ar y ffordd i lawr i Drenewydd Gelli Farch.

Mae'n hawdd methu'r troad i'r chwith yng nghanol y pentref, i lawr heibio tafarn y Tredegar Arms. Ymhen 250m arall, wrth i'r ffordd droi, trowch i'r dde i lawr lôn gul rhwng caeau, gan fforchio i'r chwith ar ôl 2.5km, ac wedi hyn byddwch yn teithio'n fwy serth i lawr Rhiw Ticken i gylchfan yng nglyn coediog Monton. Yma mae Llwybr 4, y Lôn Geltaidd, o Gasnewydd yn ymuno ar y chwith. Wedi tro i'r chwith mae angen un ymdrech olaf i ddringo'r 1.3km i gyfarfod yr A466 ar gyrion gorllewinol Cas-gwent.

Mae Llwybr 42 yn osgoi dod yn uniongyrchol i mewn i Gas-gwent, gan hytrach nadreddu'n hamddenol i gyfeiriad y de er mwyn osgoi traffig trwm y dref, felly

Y FENNI I GAS-GWENT

Beth i'w weld

❶ Castell Brynbuga Saif y castell Normanaidd hwn o'r ddeuddegfed ganrif, sydd erbyn hyn yn adfail, ar fryn uwchlaw'r dref ac mae'n daith bleserus ac atmosfferig ar droed. *uskcastle.com*

❷ Amgueddfa Bywyd Gwledig Brynbuga Mae'r trigolion lleol brwd wedi creu amgueddfa sy'n berl fach. Gallwch weld ystod eang o eitemau sy'n ymwneud â byw yn y wlad dros y canrifoedd. *uskmuseum.org.uk*

❸ Amgueddfa Cas-gwent Mae'r amgueddfa wobrwyedig hon, sydd wedi ei lleoli mewn plasty trefol hyfryd gyferbyn â'r castell, yn adrodd hanes diddorol Cas-gwent – allbost gaerog, porthladd, tref farchnad ac atyniad twristiaid cynnar – drwy'r canrifoedd.

❹ Castell Cas-gwent Fe'i dechreuwyd ym 1067 gan William FitzOsbern, un o Arglwyddi'r Gororau a benodwyd gan William Goncwerwr i sicrhau'r tiroedd ar y ffin, a bu'n strategol bwysig am ganrifoedd. Mae ei du mewn yn hynod ddiddorol; ceir yr olygfa orau o'r afon, y saif muriau'r castell uwchlaw iddi yn codi fel tŵr calchfaen. *cadw.wales.gov.uk*

LÔN LAS CYMRU: DE

bydd angen i chi gadw llygad am arwyddion glas y llwybr. Teithiwch yn gyfochrog â'r A466 i'r gylchfan fawr ac ymlaen am 500m metr arall, lle mae Llwybr 4 yn parhau ymlaen tuag at Bont Hafren, Lloegr a Bryste. Yma mae Llwybr 42 yn cadw i'r chwith ar hyd Heol Matharn i gyffordd-T. Trowch i'r dde i lawr i Heol Bulwark ac yna trowch yn y troad cyntaf ar y chwith, ar hyd Heol Strongbow, lle mae llwybr beiciau tarmac yn mynd i'r chwith ac yn nadreddu ei ffordd i lawr drwy'r cwmwd coediog i Cilgant Gwy. Parhewch ar hyd Rhodfa Hardwick, heibio Hen Wal y Porthladd a thros yr AB48 brysur i gyrraedd canol y dref, lle y bydd y drefn unffordd yn mynd â chi i lawr i Gastell Cas-gwent a diwedd swyddogol Lôn Las Cymru.

Mae'r **ganolfan groeso** yng Nghas-gwent wedi ei lleoli ar Stryd y Bont, ger y castell.

Lle i aros

Yng Nghas-gwent mae lletyau gwely a brecwast cyfeillgar i deuluoedd yn cynnwys **Chateau Terrace** a **St Ann's House** (*stannshousechepstow.co.uk*) ar Stryd y Bont, a **Tŷ Gwesty First Hurdle** (*thefirsthurdle.com*) ar Stryd Upper Church. Ar gyfer y rheiny sy'n hoff o gwrw go iawn, mae'r **Coach and Horses Inn** (*thecoachandhorseschepstow.co.uk*) ar Stryd Welsh sy'n edrych dros Gastell Cas-gwent, yn dafarn draddodiadol gydag ystafelloedd. Ar Stryd y Bont ceir hefyd **Gwesty Castle View** (*hotelchepstow.co.uk*) ac **Afon Gwy**, bwyty gydag ystafelloedd.

Atgyweiriadau a mân ddarnau

Yng Nghas-gwent ceir siop ardderchog **559 Bikes** ar Manor Way ym mhen uchaf y dref.

▼ Castell Cas-gwent